酒店服务礼仪

Jiudian Fuwu Liyi

主　编　韦　露
副主编　陆纯梅
编　者　莫　颖　王　楠
　　　　岑妍梅

西南财经大学出版社
中国·成都

图书在版编目(CIP)数据

酒店服务礼仪/韦露主编．—成都：西南财经大学出版社，2021.8
ISBN 978-7-5504-4894-0

Ⅰ.①酒…　Ⅱ.①韦…　Ⅲ.①饭店—商业服务—礼仪—高等职业教育—教材　Ⅳ.①F719.2

中国版本图书馆 CIP 数据核字(2021)第 093579 号

酒店服务礼仪

主　编　韦　露
副主编　陆纯梅

责任编辑：杨婧颖
封面设计：张姗姗
责任印制：朱曼丽

出版发行	西南财经大学出版社(四川省成都市光华村街 55 号)
网　　址	http://cbs.swufe.edu.cn
电子邮件	bookcj@swufe.edu.cn
邮政编码	610074
电　　话	028-87353785
照　　排	四川胜翔数码印务设计有限公司
印　　刷	郫县犀浦印刷厂
成品尺寸	185mm×260mm
印　　张	7
字　　数	151 千字
版　　次	2021 年 8 月第 1 版
印　　次	2021 年 8 月第 1 次印刷
印　　数	1—2000 册
书　　号	ISBN 978-7-5504-4894-0
定　　价	25.00 元

前言

QIANYAN

随着夏季奥运会、世界博览会、园艺博览会、冬季奥运会等国际大型活动在我国举行，我国对旅游酒店业人才的需求与日俱增，越来越多的国际品牌酒店如雨后春笋般扎根于中国大地上。在科技日新月异发展的今天，酒店除了需凭借舒适的环境、完善的设施设备、独特的酒店企业文化、丰富的酒店餐饮得到宾客的青睐外，服务质量也是衡量酒店良好声誉和形象的最好的标准。然而，酒店服务质量的好坏主要取决于酒店的服务人员，酒店服务人员的素质、职业道德和礼仪行为规范等因素对酒店的影响越来越大。因此，对酒店服务人员进行礼仪教育至关重要，这是酒店提供优质服务的前提条件和重要保障。

高职教育是我国教育的重要组成部分，高职教育注重培养人才的技术能力与操作能力，高职酒店管理专业是培养酒店人才最主要的前沿阵地和最重要的方式。高职酒店服务人才的培养肩负着为酒店行业一线输送应用型服务人才的使命，强调实践性、操作性以及综合性。本书主要介绍了酒店从业人员在不同的工作岗位、不同的场合应该遵循的礼仪标准，将礼仪知识与工作场景、工作实际相结合。通过学习本书，学生能够掌握基本的服务标准，能在入职后快速进入岗位角色。本书旨在强化学生的服务意识，提升学生的综合能力，真正把知礼、学礼、用礼的知识融会贯通，帮助学生学以致用，做到内化于心、外化于形，知行合一。

本教材具有以下特点：

(1) 理论性与实用性相统一。在学习要求的知识点中，设置了相应的同步实践项目。实践项目的设置由相关的案例分析以及实际演练构成，由小环节到大任务，以便学生循序渐进地进行任务分析与案例操作，从而达到理论与实践相统一。此外，本教材还列举和编制了丰富的阅读材料，这些材料大多数是编者在多年的教学实践经历中研究、总结而来的，其中，编者也搜集了一些学生在实习实训过程中发生的案例，并进行了整理，一起放入了教材的案例分析中。这些案例对于学生在今后工作中具有一定的参考和借鉴意义。

(2) 针对性。本教材的内容组织及图片，体现了酒店服务行业的个性化要求，具体的能力训练则针对酒店服务过程中各岗位的实际要求进行设计，以提高学生将理论知识应用在酒店服务过程中的能力。

(3) 完整性。本教材在保证学科体系完整的基础上，注重知识的系统性，内容精炼，准确简明地阐述了酒店服务礼仪的基本理论。实例新颖，书中所讲的礼仪规范严格遵照酒店服务岗位标准。

本教材共六个模块：模块一为酒店服务礼仪认知；模块二为酒店服务人员仪姿塑造；模块三为酒店服务人员仪容仪表塑造；模块四为酒店服务人员语言塑造；模块五为酒店岗位服务礼仪；模块六为客源礼仪。

本书由广西国际商务职业技术学院韦露主编。其中模块一由莫颖编写，模块二、五由韦露编写，模块三由陆纯梅编写，模块四由岑妍梅编写，模块六由王楠编写。教材中所涉及图片均由广西国际商务职业技术学院空乘专业的学生刘琪、梁莹婷两位同学协助拍摄。本教材由主编韦露负责统稿和定稿工作。

本书在编写过程中参阅了大量相关著作、书刊资料及网络资源，在此一并致谢！

本教材是广西国际商务职业技术学院酒店服务礼仪编写教师团队倾力合作及集体智慧的结晶。尽管我们在教材建设方面做了不少努力，但由于个人水平有限，不足之处在所难免，恳请各相关高职院校和读者在使用本教材的过程中给予批评和指导，并将宝贵意见及时反馈给我们，以便于后续的修订和完善。

所有意见和建议请发往：57430805@ qq.com

编者

2021 年 8 月

目录

MULU

模块一　酒店服务礼仪认知

我国素有“礼仪之邦”的美誉，我国的礼仪文化博大精深。礼仪作为一种文化现象，一直贯穿社会文明的发展进程，是社会不断发展进步的标志。在社会关系交织的人际网络中，在国与国之间的交往中，在组织与组织的相互交流中，礼仪作为一条强有力的纽带穿梭其中，成为人际交往、交流的标准和规范。本章的内容分为礼仪概述和酒店服务礼仪概述两个部分。

学习目标

★知识点

1. 了解礼仪的内涵、功能及特点；
2. 掌握服务礼仪的特点；
3. 掌握酒店服务礼仪的概念；
4. 熟悉酒店服务礼仪在工作中的具体要求及原则。

知识单元一　礼仪概述

【案例精选】

新加坡的国民素质高水平为世界所公认，但凡到过新加坡的人，都会对这个美丽的花园岛国留下深刻的印象。这与新加坡长期在国民中大力开展礼仪教育有很大的关系。20 世纪 70 年代后期，当时的新加坡总理李光耀就提出了要把新加坡建成一个“富而有礼”的国家。新加坡在大力抓国民经济建设的同时，将以礼仪教育为中心的国民素质教育，提高到一个非常重要的位置，甚至将“忠、孝、仁、爱、礼、义、廉、耻”八种美德列入政府必须贯彻的“治国之纲”。在新加坡，礼仪教育是每个公民都必须接受的教育内容之一。为规范国民行为，使国民们养成良好的礼仪习惯，新加坡甚至运用了法律手段来强化国民的礼仪意识。这些措施的实施，最终使新加坡在短时间内变成了现代“礼仪之邦”。

（资料来源：马保奉. 外交礼仪漫谈［M］. 北京：中国铁道出版社，1996.）

【分析】礼仪作为一种文化现象，是社会文明进步的标志。弘扬华夏传统礼仪文化，提高自我，塑造良好的个人形象和综合素质，不断开拓国际化视野，是适应国际化发展趋势的必然要求。

随着国际经济、文化和社会交往日益频繁，礼仪已经融入社会生活的各个方面，并在其中扮演着非常重要的角色。礼仪作为一种社会文化现象，反映了一个人的整体面貌。一个企业的整体形象，更能反映一个国家和民族的文明程度及国民素质。在现代社会，礼仪已成为人际交往最重要的纽带，无论是个人、企业还是社会，都需要通过礼仪对外反映其良好形象。因此，学礼、知礼、用礼成为人们规范个人行为和提高个人素质的重要内容，也是社会文明进步最重要的手段。

一、什么是礼仪

中华民族有着悠久的历史、灿烂的文化，中国以“礼仪之邦”著称于世。自夏朝开始，人们逐渐总结出了一些礼仪规范。到了商代，礼仪已经被人们广泛接受，上到统治者，下至平民百姓无不讲究礼仪。周朝时期，礼仪已经发展成为一种制度，并达到相当完备的程度，这些在《礼记》中都有许多记载。《礼记·乐记》中记载：“礼也者，理之不可易者也。”另外，《礼记》中记载：“礼者，理也。”由此可见，古人把礼仪理解为道理，讲礼仪就是讲道理，就是谦让、礼让之举。“孔融让梨”“张良拾鞋”等故事表明，讲究礼貌、讲究仪表一直是中国人的传统美德。

在社会生活中，我们常常提到的“礼”，包括了礼貌、礼节、礼仪等。礼貌，指的是在人与人之间的交往中，为维持正常的社会关系而共同遵守的行为规范和道德规范。礼节，通常是指体现礼貌的具体体现方式和方法。没有礼节就没有所谓的礼貌，没有礼貌也不需要具体的礼节，他们之间的关系是相互依存的关系。礼仪是礼节和仪式的统称。它是人类为维系社会正常生活而要求人们共同遵守的基本规范，它是人们在长期共同生活和相互交往中逐渐形成，并且以风俗、习惯和传统等方式固定下来，它是道德的外在表现形式，是调节人际关系的重要手段。礼是本质、根本，仪则是礼的外在表现形式，是体现礼貌的一个完整而系统的程序。

礼仪、礼节、礼貌三者从本质上看都是体现对人的尊重、友善。礼仪不仅可以有效展现出一个人的思想道德水平、文化修养、风度和魅力及交际能力，还可以体现出一个人的修养与价值，其对社会的认知水平、个人学识等。对于社会来说，礼仪是一个国家社会文明程度、道德风尚和国民素质的重要衡量标准。

二、礼仪的起源及发展

关于礼仪的起源，目前还没有统一的说法。笔者对相关研究进行了搜集和整理，归纳起来主要有四种：一是天神生礼仪；二是天、地、人三者统一生礼仪；三是礼仪源于人的自然属性；四是礼仪源于礼俗。人们普遍认为礼仪生于理，源于俗。

在原始社会，人类生产力水平和对自然界的认识水平的低下，人们无法解释自然界各种变化莫测的现象，更不能理解人的生老病死等现象。人们的思想只能寄托于神灵、上天，因此封建迷信思想较为浓厚。出于对天、神、鬼的敬畏，人们祈求神灵的保佑，开展祭天、敬神的祭祀活动，这就是最初的“礼”。随着时间的推移和社会的发展，与祭祀有关的各种规章制度得到了完善，最初的“祭祀礼”逐渐形成。随着人们认识水平的提高和社会交往不断扩大和发展，祭祀礼已经不能完全满足人们认识的需求，在处理和协调人们的各种社会关系时，人际交往的内容和形式发生改变，衍生了吉礼、凶礼、军礼、宾礼、嘉礼五种礼仪制度。

礼仪的发展，是同人类社会生活的行为规范及人类社会同时产生，并共同发展的。中国的礼仪发展经过了从古代礼仪向现代礼仪转变的过程。

（一）古代礼仪的起源期——夏朝之前

礼仪的起源于原始社会的中晚期阶段，此时期的礼仪起源于人类群居时代，存在于社会关系中的契约和规范，该时期的礼仪相对来说比较单纯，人与人之间的关系并不复杂，不存在阶级。

（二）古代礼仪的形成时期——夏朝至西周

人类进入了奴隶社会阶段，社会关系产生了变化，出现了明显的阶级。奴隶主阶级为了维护自己的统治地位，制定了一系列符合奴隶社会政治需求的礼仪制度。从此，礼仪表现出浓烈的阶级特征。“三礼”——《周礼》《礼记》《仪礼》的出现，标志着礼仪的发展更加系统，这对于后世治国安邦、施政教化、规范行为产生了重要影响。

（三）古代礼仪的发展变革时期——春秋战国时期

这个历史时期，出现了诸子百家，以儒家为首的学派代表们对礼仪进行了全面系统的研究，全面探索了礼仪的起源、功能和本质，最终形成了以儒家礼教为核心的体系，儒家学者们认为礼是整治国家、安邦定国的根本。

（四）古代礼仪的强化时期——秦汉至清末

封建社会的统治者一直推崇“独尊儒术”的“礼治”思想，不同历史时期下的礼仪文化是当时社会政治与经济文化的重要体现。统治者在延续周礼的基础上，对礼制进行不断的完善以适应自己统治需要，礼成为维护和稳定社会最重要的工具。当时，礼的核心从奴隶社会的尊君思想转变成了“君权神授”的思想，它忽略了人性的自由，逐渐演化成钳制人类个性自由发展的“三纲五常”“三从四德”。这些制度成了封建礼仪道德规范，压抑了人类平等交往的重要因素，成为钳制思想自由的一种枷锁。

鸦片战争后，中国封闭的大门被打破，封建礼教逐渐退出历史舞台。五四运动以后，中国进入了全新的历史时期，新的礼仪标准、价值观念得到了推广和传播。时代在进步，国际上通用的礼仪方式和中国实际结合起来，形成了适应新中国的新礼仪制度，中国特色的社会人际关系也重新确立，这些因素在客观上有利于促进世界各国礼仪文化的沟通和交流。

三、服务礼仪的特点和功能

服务礼仪是服务行业从业人员在服务过程中对宾客表示真挚的敬意、尊重的一种行为规范，在酒店服务过程中被继承下来的、为人们所认同的仪式，并在服务行业中共同遵循的规范和要求的礼仪。

服务礼仪工作的目标是一切为了顾客，为顾客提供礼貌周到、细致真诚的服务。在服务行业工作中，要以本国国情、民风民俗、道德法制为前提，并尊重宾客的个人习惯及隐私，让宾客满意，服务才能得到认可，才能争取更多的回头客。

（一）服务礼仪的特点

服务礼仪的特点，是随着社会进步而不断创新和发展的，是以现实生活为基础的，服务人员通过新颖、实用、简单的方式呈现，体现社会的时代特征。

1. 规范性

礼仪是以一种约定俗成的行为习惯，是一种文化现象。中国 5 000 多年的历史文化造就了中国人的谦虚的特性。在古代拱手作揖的礼节具有它特定的场合和意义；在成人礼的礼节上，有固定的规范和程序。在国际上，通用的见面和道别时的握手同样讲究一定的规范。不论是国内还是国际上，礼仪已经成为社会关系中必不可少的桥梁，也是塑造个人形象最重要的方法。酒店服务人员在工作中通过规范的服务礼仪，提高个人服务的水准，能够为酒店增添魅力，也能提升酒店的形象。

2. 沿袭性

在礼仪发展的源流中，礼仪文化的发展是伴随着社会政治、经济、文化、思想等因素的发展而不断发展的，它是一个剔除糟粕、继承精华的过程，如在战争期间出现的握手礼，是为了表达友好、真诚，是由两个部落握手言和演变而来。如今的握手礼也是人与人之前真诚交往的纽带，也是国与国之间交往的第一步。礼仪的发展变化向着国际惯例规范化方向发展，与时代脉搏紧密结合。

3. 民族性

酒店服务礼仪的发展是一种行为规范，它在具有共性的地方，又表现出明显的差异性。我们国家有五十六个民族，就有不同的民族习惯、禁忌和不同的宗教信仰，在服务宾客的同时，还需要尊重其民族信仰与习惯，你的服务才能得到认可。

4. 普遍性

礼仪是人类在社会生活的基础上产生的行为规范，全体社会成员均离不开礼仪规范的制约。从古至今，从个人到国家，礼仪无时不在，无处不在。凡是有人类活动的地方，就存在着各种各样的礼仪规范。现代服务礼仪的内容已渗透到服务行业的衣、食、住、行、游、购、娱等各个领域，礼仪活动无处不在。

（二）服务礼仪的功能

1. 塑造形象

礼仪能帮助人们塑造出良好的个人形象，高雅的情趣、优雅的气质、潇洒的风度，使人知礼懂礼，在人际交往中给人一种舒适的感觉，更受人欢迎。

2. 良好的人际交往

一个人要适应现代社会，除了掌握必备的专业技能外，还必须具备与人相处的方法。掌握必备的礼仪规范，能够更好地树立自身的形象，在与人交往时给人留下彬彬有礼、温文尔雅的美好印象，才能为增进双方友谊打下良好的基础。

3. 实现自我价值

加强个人礼仪修养是实现自身价值的最佳方法，它可以丰富人的内涵，提高自身素质，将内在美与外在美统一于一身，进而使个人更充分地实现自我。

4. 共建文明社会

人与社会密不可分，文明的社会需要文明的成员一起构建，强化公民的文明与礼仪意识，端正自身行为，能够促进民族和国家文明程度的提升。

【思考与练习】

1. 以小组为单位，讨论中华传统美德对于学习服务礼仪的重要意义。
2. 举例说明生活中有哪些细节可以体现一个人的礼仪素养。
3. 如何理解服务与礼仪的关系？

知识单元二 酒店服务礼仪概述

【案例精选】

希尔顿酒店员工脸上的微笑永远是宾客的阳光。在企业文化的影响下，希尔顿酒店将员工富有魅力的微笑制定为制度。在这条高于一切的经营方针指导下，希尔顿酒店在全球五大洲的各大城市中享有盛誉，年利润高达数亿美元。其资金由起家时的 5 000 美元发展到当今的几百亿美元。希尔顿酒店能有今天的成绩，离不开无声胜有声的员工服务礼仪——微笑。

【分析】面部表情能反映出一个人的特性，能直观地展现人的心情。微笑是一个人面部感官最直接的体现，代表温馨、满意、尊重、礼貌、愉快等信息。微笑是体现酒店服务最重要的内涵，发自内心的微笑能给宾客留下舒心、如意的良好印象。

一、什么是酒店服务礼仪

酒店服务礼仪是现代礼仪的重要组成部分，是礼仪在酒店服务过程中的具体运用，是酒店服务人员应具备的基本素质和在自己的工作岗位上所应当严格遵守的行为规范。酒店服务礼仪主要以酒店服务人员的仪容仪表、仪态、服饰文化、沟通交流、表情等方面的行为规范为基本内容，它是一门实用性很强的服务礼仪学科。同其他行业礼仪规范相比，酒店服务礼仪具有鲜明的标准性、规范性和可操作性的特点。它是酒店服务人员为提高服务质量，在自己的工作岗位上向顾客提供标准化、有形化、规范化、系统化服务程序的正确做法。酒店服务礼仪是表现律己、敬人的一种行为规范，是表现酒店行业对宾宾客性化的服务和关爱的重要途径。掌握酒店服务礼仪是任何一个酒店服务人员所必须具备的基本能力和素质。

学习酒店服务礼仪具有重要意义，特别是对于在酒店服务部门工作的人员来说，酒店服务礼仪有助于提高酒店服务人员的个人素质和自身修养，有助于进一步提高服务水平与服务质量，有助于塑造并维护酒店的整体形象，提高酒店的整体竞争力，有助于酒店企业创造出更好的经济效益和社会效益。

二、酒店服务礼仪的主要内容

酒店服务的标准是要热情、周到、细心、耐心、礼貌，做到使宾客满意甚至让宾客感到惊喜。酒店服务人员所从事的工作是服务宾客，酒店服务礼仪主要包括基本的社交礼仪规范、沟通礼仪、前厅服务礼仪、餐饮服务礼仪、客房服务礼仪、会议礼仪、国际交际礼仪、民族宗教礼仪等。

三、酒店服务礼仪的基本要求

（一）文明服务

文明服务是指酒店服务人员在服务过程中，要体现良好的企业文化和个人素质，做到举止优雅、仪容仪表健康整洁、待人接物得体规范，尊重不同国家、不同民族、不同人种、不同宗教信仰和禁忌等，体现出自己良好的素养。

（二）礼貌规范服务

礼貌规范服务要求服务人员对宾客尊重与友好，在服务过程中做到礼貌待客，热情服务。对宾客的服务要做到集中精神，动作规范；衣着整洁，合乎规范；服务程序化，操作有检查，服务标准化、规范化、程序化。

（三）主动热情

酒店服务人员站在宾客的立场上，发自内心、满腔热情地向宾客提供良好的服务，在工作中有更强的服务意识和更多的感情投入，掌握服务工作的规律，自觉把服务工作中的问题想在前面，未雨绸缪，力求宾客满意，做到处处事事主动，为宾客提供便利。

4. 高效率服务

服务效率是评判服务质量最重要的因素之一，讲究效率不只是要求前厅服务人员在3分钟内办理好一位宾客的入住手续，也不只是要求餐厅在宾客点菜后10分钟内必须上完一道菜。它是要求服务人员在规定的时间内，做到快而不乱，反应迅速敏捷，准确无误，这样服务才不会打折扣。高效率的服务能体现出一个服务人员过硬的业务素质，也能反映出酒店的管理效率。

5. 丰富的知识

酒店服务知识包罗万象，酒店服务人员要熟知酒店的基本情况，具体有酒店的概况、服务特色、发展历史和经营特色等；酒店经营的主要业务以及分布的场所；主要职能部门的情况；工作岗位的职责和组织结构；各部门的基本情况；酒店附近的主要交通情况、主要线路等情况；酒店所在城市地区的天气、交通状况、风景名胜、特色等情况。以上罗列的内容仅仅是酒店服务人员必须要掌握的一部分内容，实际上酒店服务人员还要根据酒店自身的要求进行学习和掌握。酒店服务人员在工作中不能做井底之蛙，而是应在工作中不断地学习与总结，不断地进步，提高自身的业务能力，开阔视野，才在能在酒店服务中做得更加游刃有余、得心应手。

四、酒店服务礼仪的原则

酒店服务礼仪鲜明的特点是要求酒店服务人员必须依照严格的礼仪规范，约束和指导自己的服务行为。

（一）平等原则

平等是服务礼仪的核心。平等原则要求在对顾客以礼相待这一点上，服务人员对任何宾客都必须一视同仁，给予同等程度的礼遇，不允许因为宾客的年龄、性别、国籍、种族、文化、信仰、职业、身份、财富等差异而给予其不同的待遇。

（二）互尊原则

“敬人者，人恒敬之。”在服务过程中，每一位酒店服务人员都必须自觉遵守服务礼仪，规范自己的一言一行，一举一动。以自己对宾客的尊重，赢得宾客对自己的尊重，从而营造一个和谐的服务氛围。

（三）诚信原则

“言必信，行必果。”在工作中，酒店服务人员必须具备诚信的品质，并将其融入服务之中，使服务保持活力。

（四）宽容原则

“海纳百川，有容乃大。”酒店服务人员在工作中既要严于律己，更要宽以待人，要多容忍顾客、体谅顾客、理解顾客，千万不要求全责备、斤斤计较、过分苛求、咄咄逼人。

（五）自律原则

服务礼仪宛如一面镜子。对照着它，你可以发现自己的品质是真诚、高尚还是丑陋、粗俗。酒店服务人员要自我约束、自我控制、自我检点、自我对照、自我反省。

（六）敬人原则

酒店服务人员在工作中不但要与宾客互相谦让，互尊互敬，友好相待，和睦共处，更要将对宾客的尊重、恭敬、友好放在第一位。

（七）从俗原则

由于文化、知识、地位等差异，宾客对酒店的规则或服务不理解而提出种种意见或拒绝合作。酒店服务人员对这一客观现实要有正确的认识，不要自高自大，简单否定他人不同于自己的做法，要真诚地向宾客做出解释，力求给宾客满意的答复。

（八）真诚原则

酒店服务人员在工作中，务必待人以诚，诚心诚意，言行一致，表里如一，这样才会更好地被宾客理解和接受。

（九）适度原则

酒店服务人员在服务过程中要注意技巧，合乎规范，特别要注意把握分寸，适度得体。

（十）“三A”原则

酒店服务人员在向宾客表达自己的尊敬之意时，要抓住三个要点：接受对方（accept）、重视对方（appreciate）、赞美对方（admire）。由于在英文里，接受、重视、赞美三个单词的首字母都是“A”，所以称为“三A”原则。

接受宾客应当体现为酒店服务人员对宾客积极、热情、主动相迎，将宾客当作自己家人来看待，以真心的微笑和热情的服务去实现每一位宾客的需求。

重视宾客应当体现为认真对待宾客，并且主动关心宾客。具体方法包括牢记宾客的名字、善用宾客的尊称、倾听宾客的要求等。

赞美宾客应当体现为在服务过程中恰到好处地对宾客表示欣赏、肯定、称赞与钦佩，与宾客和睦、友善地相处。赞美宾客的原则是适可而止、实事求是、恰如其分。

【思考与练习】

1. 谈一谈你对酒店服务礼仪的认识和理解。

2. 结合自己所学的专业，谈一谈学习礼仪与提升礼仪素质的重要性，就如何提升自我素质和形象拟订计划，写出相应步骤，列出相应目标。

3. 如何理解酒店服务礼仪在酒店服务工作中的重要意义？

4. 谈一谈在生活中你看到的礼仪现象有哪些？哪些是值得学习的？对于你提升自我有什么启示？

【拓展训练项目】

1. 在布置酒会时为了让葡萄酒杯更显干净卫生，服务员在清洗完葡萄酒杯之后，又使用干净的口布擦洗杯子。请问服务员的做法是否正确？如果不正确，应该如何做？

2. 在一次西餐零点服务中，服务员小王先给主人李先生上了菜肴，后给副主人张女士上菜肴。请问服务员的做法是否正确？请谈谈你的看法。

【知识拓展】

1. 白天鹅有“温度的、热情的”服务理念

白天鹅宾馆，是国内第一家由国人自行设计、建造、管理的五星级酒店，酒店业至今仍广泛流传着它的种种先进的酒店管理经验。但鲜有人深究，白天鹅宾馆是国内最早启用甲骨文（Oracle）酒店物业管理系统（PMS）的那批五星级酒店。作为老牌高星级酒店，白天鹅宾馆在数字化转型方面十分开放，甚至可以说白天鹅宾馆将其视为酒店内部的“一把手”工程。

2021 年 7 月 21 日，在 2021 年环球旅讯数智论坛（广州站）上，环球旅讯特邀白天鹅宾馆首席运营官张添，围绕“老牌高星酒店的数字化运营新思考”的话题展开深聊，该对话环节由环球旅讯首席执行官李超主持。疫情发生后，白天鹅宾馆的生意还是发生了一些细微的变化。比如客源年龄结构呈现年轻化的趋势，90 后占比越来越高，这类宾客的回头率也高。

选用智能产品要符合酒店服务理念，与其他酒店集团热衷于尝试送物机器人、自助入住机不同，白天鹅宾馆一没有引入自助入住机，二则是将送物机器人用在了辅助工作上，从厨房运送菜品到餐厅服务间。环球旅讯一项关于“哪项智能应用最能提升商旅宾客的住店体验”的调查显示：41%的人选择了前台自助机，也有 8%的人选择了送物机器人。

白天鹅宾馆在选用智能设备以及选用怎样的智能设备时会考虑自身定位。“此前也有自助入住机的设备厂商找过来，但是我们考虑到白天鹅宾馆的特色就是为宾客提供有温度的、热情的服务，最终我们还是拒绝了引入。”从宾客的角度考虑，他们到前台办理入住也不仅仅是为了拿房卡，他们可能需要与酒店员工交流互动，获取更多的信息，甚至只是前台员工的一个微笑就能让他们在旅途中倍感慰藉。

（资料来源：根据《环球旅讯》资料改编）

2. 日常礼貌用语口诀

头次见面用“久仰”，很久不见说“久违”。
认人不清用“眼拙”，向人表歉用“失敬”。
请人批评说“指教”，求人原谅用“包涵”。
请人帮忙说“劳驾”，请给方便说“借光”。

麻烦别人说“打扰”，不知当否用“冒昧”。
求人解答用“请问”，请人指点用“赐教”。
赞人见解用“高见”，自己意见用“拙见”。
看望别人用“拜访”，宾客来到用“光临”。
陪伴朋友用“奉陪”，中途先走用“失陪”。
等候宾客用“恭候”，迎接来迟用“失迎”。
别人离开用“再见”，请人不送用“留步”。
欢迎顾客称“光顾”，答人问候用“托福”。
问人年龄用“贵庚”，老人年龄用“高寿”。
读人文章用“拜读”，请人改文用“斧正”。
对方字画为“墨宝”，自己字画用“拙笔”。
邀请别人用“屈驾”，招待不周说“怠慢”。
请人收礼用“笑纳”，辞谢馈赠用“心领”。
问人姓氏用“贵姓”，回答询问用“免贵”。
表演技能用“献丑”，别人赞扬说“过奖”。
向人祝贺道“恭喜”，答人道贺用“同喜”。
请人担职用“屈就”，暂时充任说“承乏”。
对方亲眷多带“令”，称呼己方常带“家”。

模块二　酒店服务人员仪姿塑造

酒店服务仪姿仪态是指酒店服务人员在工作中所呈现的各种身体姿势的总称，是人体静态美和动态美的统一。由于姿态比相貌更能表现出人的精神气质和修养程度，因此姿态成为评价人的一个标准。酒店服务人员的仪姿仪态包括了基本的仪态和肢体语言，即站、坐、行、蹲、递物、表情等，挺拔的站姿、端庄的走姿、优美的坐姿、优雅的蹲姿、自然的手势以及友好、真诚、发自内心的笑容是酒店服务人员必须要学习的一门课程，也是一门人际交往的艺术课。

不良姿态

（1）东倒西歪。工作时东倒西歪，站没站相，坐没坐相，很不雅观。

（2）耸肩勾背。耸肩勾背或者懒洋洋地倚靠在墙上或者椅子上，会对自己的形象产生不良影响。

（3）双手乱放。将手插在裤袋里，随随便便，悠闲散漫，这是很不雅的行为，也是不允许的；双手交叉在胸前，这种姿势容易使宾客有受压迫之感，倘若能将手臂放下，用两手相握放在身前，立刻就能让对方感受轻松舒适。

（4）小动作多。下意识地做小动作，如摆弄手中物品如打火机、笔、玩弄衣服、咬指甲、头发、抖脚等小动作。这些小动作不仅显得拘谨，也给人以不自信的印象，有失仪态的庄重。

【学习目标】

★知识点

1. 掌握酒店服务人员基本仪姿仪态的相关知识及规范要求。
2. 学会正确地运用基本手势与人交流。

★技能点

1. 学会正确的站姿、走姿、坐姿、蹲姿、手势用语等，并能够在工作中熟练运用。
2. 在酒店服务工作中，能够使用得体的表情。
3. 培养自我气质，并把自我气质融入工作中。

能力单元一　岗位规范站姿

【情景与分析】

礼仪情景

乌云密布，滂沱大雨敲打着地面，雨水如注，倾盆而下。酒店的大堂里，李先生一家老小四口人似乎在焦急地等待着什么。酒店大堂服务员小王见状，微笑着上前询问李先生到底为何如此焦急。原来李先生把自己的公文包等落在出租车上了，公文包内有身份证件、银行卡等物品。他们正等着出租车司机送过来才能办理入住呢。然而还有另外一个更加令人着急的事情，就是李先生准备去参加一个非常重要的会议，公文包里有相关的函件和证件等。小王了解到宾客的焦急心情，想着如何才能帮助李先生缓解焦急的气氛。他先带着李先生办理相关入住手续，安顿好一家老小，排除其后顾之忧；然后再帮助李先生联系出租车司机，帮忙把公文包等物件送到会场给李先生。小王耐心周到的服务，让李先生非常高兴，对其服务非常满意，并保证以后但凡来这个城市出差必然会入住本酒店。优质的服务是赢得顾客信任的重要条件。在酒店业竞争越来越激烈的今天，优质服务是取得竞争优势的先决条件。

分析和解决

(1) 你认为小王如何缓解李先生的焦急心情?

(2) 通过本案例，酒店应该从哪些地方培训员工，提高其服务质量?

教师点拨

解决问题需要掌握的知识和技能有：

(1) 员工的个人形象和素质；

(2) 从宾客角度出发考虑问题、为宾客着想，是提升服务的关键因素。

站如松，坐如钟，行如风。站如松是指站立时，直着腰，气宇轩昂地站立，好像大松树那样。坐如钟是指坐得稳，要端然正坐，两眼平视。行如风是指走动时如疾风，慢行时，犹如清风徐来，水波不兴。

“站如松，坐如钟，行如风”是对站、坐、行这三种日常生活中最主要的人体姿势的描述。仪姿仪态是一种非文字语言，包括了人的体态姿势、动作、表情。肢体语言是用人体的动作、表情作为词汇来象征人的心灵、表达人的思想感情的一种非文字语言。人们在交往过程中，一个眼神、一个表情、一个动作都可以传递出非常丰富的内心世界。

优美的仪态不是天生就有的，要获得优美的仪态就必须积极主动地参与形体训练，掌握正确的方法，矫正不良的习惯，尽力达到自然美与修饰美相结合的最高境界。

一、站姿

站姿是人的一种静态动作，是其他人体动态造型的基础和起点。优美的站姿能体现出人的自信，并给他人留下美好的印象。站立姿态应该端正、自然、亲切、稳重、大方。

（一）站姿的基本要求

双目平视，面带微笑，下颌微收，这是一种谦逊而且亲切的姿态。站姿的基本要求如下：上身挺直，抬头若悬，勿往前或下垂。下巴与地面平行，不宜高扬下颌或过分收下颌。脖子应伸直，与身体形成一直线。两肩宜平衡、勿高耸，肩应自然并稍微往后。背脊立直，胸直挺，不宜勉强高耸。应收腹部、不可突出，保持肋骨上升的姿态。保持腰部挺直，才能显得有精神。收缩臀部的肌肉并往前提，使臀部有结实感。手臂自然下垂，手指自然弯曲，中指对准裤缝线。身体重量平均分布于两脚，重心落在两脚跟上，不能落在脚尖或是脚跟的任何一边上。站姿基本要求如图 2-1-1、图 2-1-2 所示。

图 2-1-1

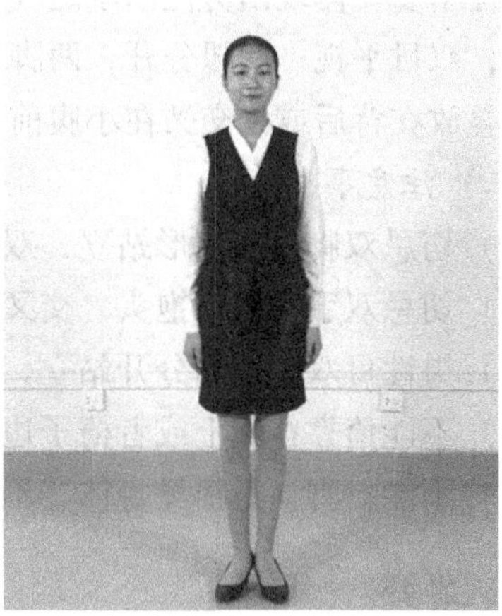

图 2-1-2

（二）站姿的具体要求

1. 女性站姿

女性站姿体现出女性柔美、典雅、娴静的特点。站姿有两种：一是上身挺直，抬头挺胸，下颌微收，双目平视，面带微笑，两膝并拢。一只脚跟放在另一只脚内侧足弓处，呈丁字步，重心放在一只脚上，可以轮流换姿势。丁字步站姿手部的位置可以放在两侧，或者右手压左手放在肚脐眼和小腹之间的位置。二是身体立直，抬头挺胸收腹，下颌微收，面带微笑，脚跟紧靠，两脚尖分开呈 45°的“V”字形。双手在腹前交叉，右手搭在左手上，置于肚脐眼下方位置（图 2-1-3）。

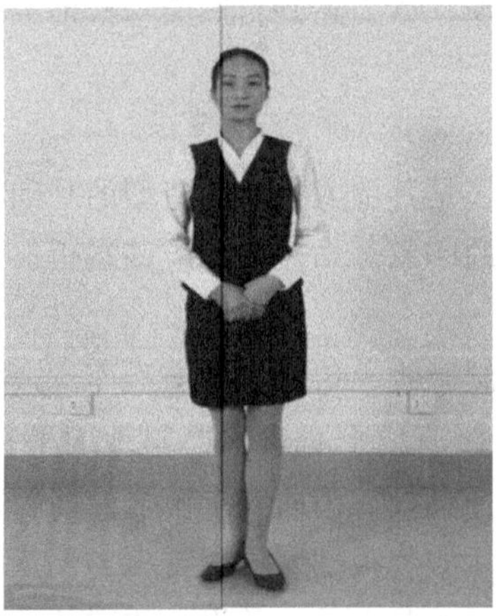

图 2-1-3

2. 男性站姿

男性站姿要体现出男性阳刚之气及稳健、刚毅端庄的特点。身体直立，抬头挺胸，下颌微收，双目平视；两腿分开，两脚呈平行线，两脚间距离不超过肩宽，以 20 厘米为宜，两手交叠放在背后或者交叉在小腹前，右手握住左手。

（三）注意事项

（1）切忌双脚内八字形站立，双腿交叉站立，弯腿站立。

（2）切忌双手叉腰、抱头、交叉抱于胸前。

（3）男性可双脚适当分开站立，女性不能分开脚站立。

（4）不能倚靠在墙上或者椅子边。

（5）不能抖脚，不摇晃身体、不东歪西靠，不挺出肚子，也不能弯腰弓背站立。

二、坐姿

坐姿是一种优雅、自然、稳重、大方的举止。良好的坐姿传递着自信、友好与热情的信息，也显示出高雅庄重的良好风范。

（一）坐姿的基本要求

（1）坐相要端庄，要面带微笑，上体自然挺直，两腿自然弯曲，双脚平落地上，双膝并拢，双腿距离与肩宽大致相等，女士两膝紧贴。

（2）入座要轻稳，动作要从容协调，不要急匆匆，避免“抢座”之嫌。就座时，从椅子的左边入座，转身背对座位，如座位较远，则走到座位前转身，右脚向后退半步，待腿部接触座位边缘后，轻轻坐下。女士着裙装入座时，应用双手拢平裙摆再坐下，不要坐好后才站起来整理衣服，以免有失庄重。

（3）落座后上体要自然挺直，双膝自然并拢，双脚平正放松，两臂自然弯曲，双手放在膝盖上，也可以放在沙发扶手上，可以一只手搭在另一只手上放在膝盖上，掌心向下。目视前方，面带微笑，面容自然平和，如图 2-1-4、图 2-1-5 所示。

（4）坐在椅子上时，一般只坐到椅子的 2/3 或者 1/2（图 2-1-6），不要坐满整个椅子或者坐到椅子的边沿上，休息时可轻轻倚靠。

（5）离座时，要自然稳当。右脚先收半步后站起，起立后右脚和左脚平齐，离座即可。

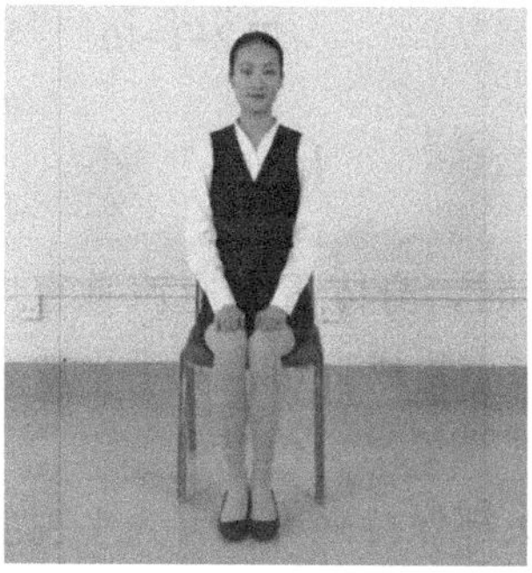

图 2-1-4

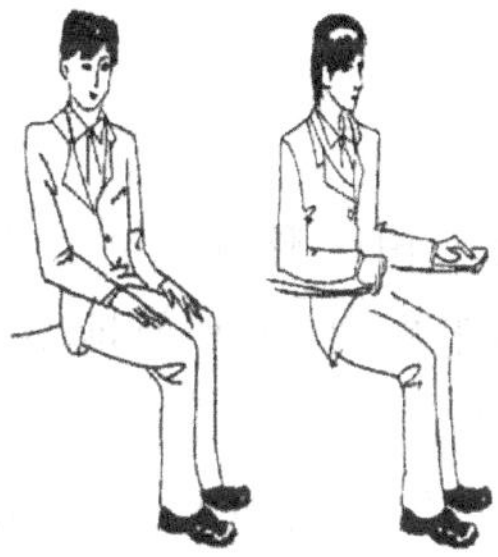

图 2-1-5

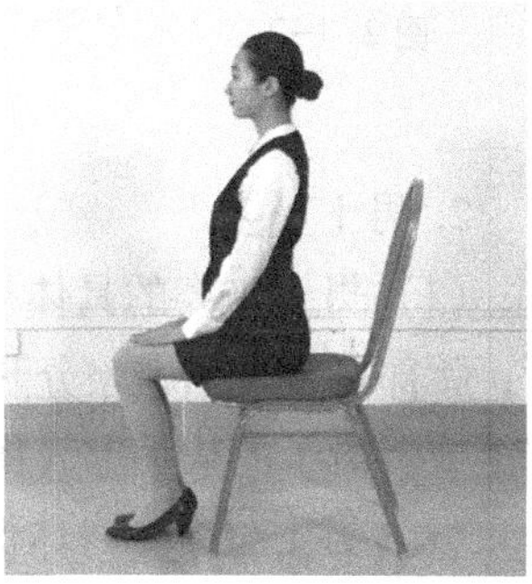

图 2-1-6

（二）坐姿的具体要求

1. 女性坐姿

女士坐姿是否优美、典雅是影响气质的重要因素。通常女士可采用的坐姿除要求双腿必须完全并拢，尤其是膝部必须完全并拢之外，它们的区别就是坐定之后腿位、脚位的变化。

（1）双腿垂直式。双腿垂直于地面，与地面呈 90°，双脚的脚跟、膝盖直至大腿要并拢一起，双手自然放于双腿上。这是正式场合中最常用的坐姿，给人诚恳、稳重、认真的印象，需要注意的是这种坐姿背脊一定要挺直，头部摆正，目视前方，面带微笑（图 2-1-5、图 2-1-7）。

（2）双腿斜放式。在垂直式坐姿的基础上，把两腿向左或向右斜放，力求使斜放后的腿部与地面呈 45°角，脚尖着地，脚跟提起。双手宜叠放或以相握的姿势放于身体侧面的腿上。这种坐姿适合坐在比较矮的椅子上（图 2-1-8）。

（3）双腿叠放式。将双腿一上一下交叠在一起，交叠后的两腿之间没有空隙，呈一条直线，双腿斜放于左侧或右侧，斜放后的腿部与地面呈 45°夹角，叠放在上的脚尖往里收，力求垂直于地面，不可以翘起，不可以直指向他人，这是不礼貌的行为。双手叠放于膝盖上，不可双手抱膝，且两膝不能分开（图 2-1-9）。

（4）双脚交叉式。将双腿并拢，双脚在脚踝部交叉之后略向左侧或右侧斜放，膝部不宜分开，要紧靠。双脚不能向前伸出去，否则会影响他人（图 2-1-10）。

图 2-1-7

图 2-1-8

图 2-1-9

图 2-1-10

2. 男士坐姿

（1）男士坐姿的具体要求与女士相比略有不同，男士坐下时，身体重心应该垂直向下，腰部挺直，两腿略分开，与肩同宽，两腿平放地面，大腿与小腿成直角，双手平放在腿上或者椅子的扶手上（图 2-1-5）。

（2）男士坐姿，身体保持重心自然垂直向下，腰部挺直，头部保持平稳，目光平视前方，脸上保持轻松缓和的笑容。将一条腿交叠到另一条腿上，双手自然放于架起的腿上，双腿尽量重叠，不能留出过多的缝隙，也不能把腿摆成“4”字，更不能把腿踢向他人。

三、走姿

“行如风”的走姿是一种动态美，男士走姿刚劲有力、稳健、敏捷，女士走姿典雅、轻盈、飘逸自如。漂亮优雅的走姿会给人美的感受，有感染力，体现出积极向上的精神状态。

（一）走姿的基本要求

正确的走姿，行走之时，应以正确的站姿为基础，抬头、挺胸、收腹、立腰，目光平视前方，面带微笑。起步时，重心稍向前倾，移至前脚掌，膝盖伸直。摆动时，双臂伸直放松、自然摆动，手指自然弯曲朝向身体，以肩关节为轴，上臂带动前臂向前，直线摆动，手臂摆动前后不超过30°，摆动的幅度以 30～40 厘米为宜。两脚尖略分开，脚跟先着地，两脚内侧落地，行走的路线要在一条直线上（图 2-1-11）。步幅适中，一般是以一个脚长为宜，但因性别和身高的差异有一定的差距。步速平稳，行进的速度应该保持均匀、平稳，不能忽快忽慢，在正常情况下，步速应自然舒缓，显得自信、稳健，一般情况下，服务人员每分钟步速在 60～100 步。

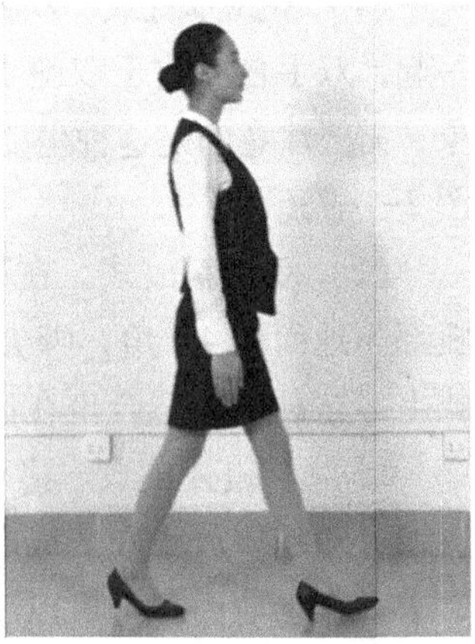
图 2-1-11

（二）走姿的具体要求

穿不同的服饰，对于走姿有不同的要求。穿西装的走姿要以直线为主，走出穿西装人员挺拔优雅的风度，后背保持平正，两脚立直，走姿的步幅可略大些，手臂放松伸直摆动，行走时，男士身体不要左右摆动，女士不要左右摆髋。

一般来说，酒店服务人员穿着较多就是西服套裙，西服套裙多半以长筒裙和西装上衣搭配，着装要尽量表现出职业装的干练、洒脱的风格。走姿步履要求轻盈、敏捷、活泼，步幅不宜过大，可用稍快的节奏来调和，使走姿活泼灵动。

酒店服务人员穿职业装的搭配中少不了黑色高跟鞋，在穿高跟鞋行走时要保持身体平衡，应该直膝立腰、收腹提臀，抬头挺胸，膝关节挺直。这样走姿会更显挺拔，行走步伐不宜过大，行走在一条直线上，这样的步姿才会富有弹性和美感。

（三）走姿的种类

1. 陪同引导

在酒店服务中，服务人员经常需要陪同宾客一同行进，在行进的过程中，给宾客以引导。在陪同引导中，服务人员首先要采取正确的方位，尽量走在宾客左侧前方，整个身体半转向宾客方向，保持两步的距离。其次，要保持步调一致。最后，在陪同引导宾客的时候，一定要处处以宾客为中心，在遇到上下楼梯、拐弯、进门、障碍物时，要伸手示意，并进行提醒。

2. 变向走姿

变向走姿是指在行走中，需要转身改变方向时，采用合理的方法，体现出规范和优美的步态。服务人员在行走过程中需要采用变向行走，主要分为后退步、侧行步、前行转身几种。

（1）后退步。后退步是指在后退时候采用的走姿，在离开顾客的时候，应该先面向对方后退两三步，然后转身离去，表示对对方的尊重。

（2）侧行步。侧行步指的是在侧身而行时采用的走姿。一是与同行者交谈时，上身宜转向交谈对象，距对方较远一侧的肩部朝前，身体与对方的身体应保持一定的距离；二是与宾客狭路相逢时，宜两肩一前一后，胸部转向对方。

（3）前行转身。前行转身是指在前行过程中转身而采用的步姿。前行右转，以左脚为轴心向右转体 90°，同时迈出右脚；前行左转，以右脚为轴心向左转体 90°，同时迈出左脚。

（四）走姿注意事项

在行走过程中不宜弯腰驼背，歪肩晃脑，左右摇摆，无精打采，有气无力；走路时不宜吃东西、抽烟、吹口哨、整理衣服或者双手插在裤衣袋中，也不能双手交叉在胸前，背着手走路；走路时应目视前方，面带微笑，不能左顾右盼；特别要注意克服内八字步或外八字步的走路姿势；避免手部摆动不正，左右横着摇摆。

四、蹲姿

蹲姿是酒店服务人员在捡拾低处物品或帮助别人时常用的动作，蹲姿做得不好，就会有失风度，有失优雅的形象。

（一）蹲姿的基本要求

在去拿低处物品或者捡取落在地上的物品时，站到所取物品的旁边，保持上身直立，不要翘屁股，将双腿靠拢、臀部向下，蹲下屈膝，慢慢把腰部低下，将身体的重心放到双腿上，臀部向下，将物品拾起。下蹲时保持上身挺拔，神情自然。服务人员常用的蹲姿有半蹲式、高低式、交叉式三种。

1. 半蹲式

半蹲式常用于取较高处的物品时，如酒店服务员取较高处的皮箱等物品。这种蹲姿的特点是半立半蹲，走到物品一侧，左脚在前，右脚在后，上身稍许下弯，臀部向下，身体重心放在右脚上，反之左脚亦然。

2. 高低式

高低式下蹲时，一只脚在前，一只脚在后，前面的脚全力着地，小腿基本上垂直于地面，后脚脚掌撑地，脚跟提起。后膝低于前膝，头和腰保持一条直线上，臀部向下。采用这种蹲姿，男士两腿之间可以有适当的距离（图 2-1-12），女士两腿应紧靠，不能有缝隙。

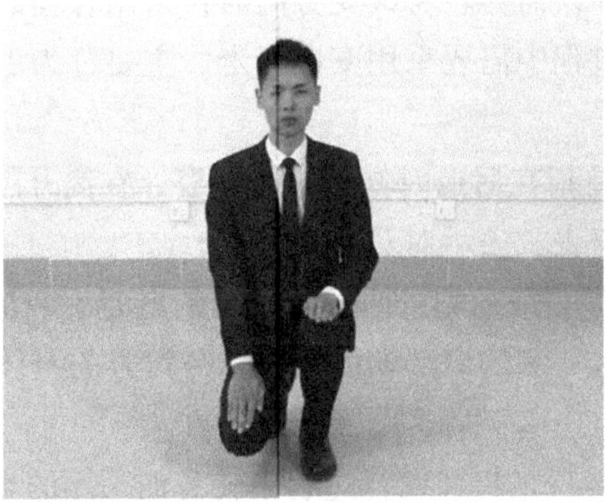

图 2-1-12

3. 交叉式

这种蹲姿通常适用于穿短裙的女性，造型优美。下蹲时，右脚在前，左脚在后，右小腿垂直于地面，全脚着地，蹲下后两腿交叉在一起，左膝盖由后下方伸向右侧，左脚跟抬起，脚掌着地，两腿紧靠，合力支撑身体。臀部向下，上身向前倾（图 2-1-13）。

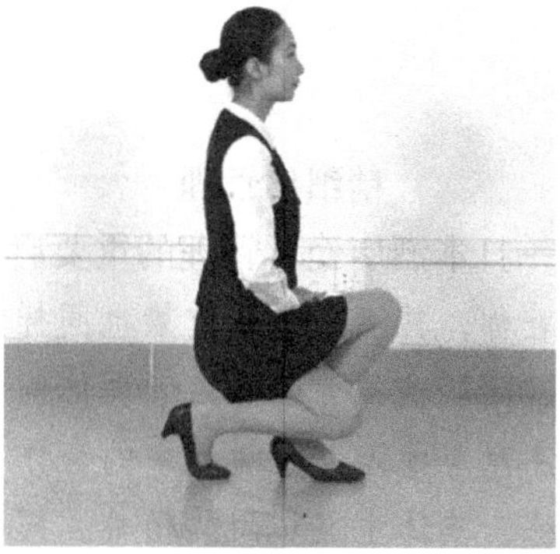

图 2-1-13

（二）蹲姿的注意事项

酒店服务人员在服务过程中要特别注意不要突然下蹲，特别是离他人过近时，要保持一定距离；不能正对或者背对宾客下蹲，可以侧身相向；避免两腿叉开，臀部翘起，平平下蹲，下蹲时注意用另一只手掩住胸口，内衣不可以外露。

▲教师举例

酒店管理专业的学生如何训练自己的姿态？教师进行仪姿仪态的展示训练以及训练技巧和方法。

▲现场演练

学生以 2 人为一组进行训练，自主练习站姿、坐姿、走姿、蹲姿等内容，结合教师训练的方法和技巧进行对应练习。

技能训练

▲实践项目

运用本单元所学知识与技能，进行自我仪姿训练，提升个人形体美。

目标：

（1）培养审美能力。

（2）提高个人气质的能力。

▲实训项目：仪姿礼仪练习

（1）准备与要求：提前准备好书本、纸张、高跟鞋等物品。

（2）提示：在老师的指导下进行引领礼仪、递送礼仪练习。

拓展训练

案例分析

精细化管理
——日本酒店经营管理的重要启示

日本的酒店以精细化管理著称，其酒店服务质量也同样闻名于世。

日本的东京帝国酒店实行以团队精神为中心的管理体制，讲究“和”的精神，酒店服务人员处理人际关系时，特别注意与他人共同活动中的合作，酒店服务团队追求和谐，因此，他们创造了酒店共同的历练、集体主义和团队精神。同时他们会把宾客当作家中的朋友来招待。

精细化服务是指酒店提供用心极致的服务，能够带给宾客满满的感动。虽然这些服务细节的初衷，都是满足宾客需求，简单又微不足道，却是理所当然而又至关重要的。

细节一：门童30分钟换白手套，随身带1万日元现钞。

门童经常被称作饭店的门面，他们是最早接触宾客的员工，也是最后目送宾客离开的员工。宾客从打开车门的那一刻起，就能感受到酒店的贴心服务。宾客搭出租车来到门口，门童会先从身上拿出纸钞替宾客付费，让宾客不会因为找不到零钱或者忘记换日元而手足无措。因此，日本酒店的每一位门童都会随时准备好五张1 000日元和一张5 000日元的现钞，放在自己的口袋中。这种服务，不但令宾客感到惊喜，还受到出租车司机的好评。另外，由于门童还须替宾客搬运行李，白手套难免弄脏，因此日本酒店规定门童每30分钟换一次白手套，洗衣房天天都要洗至少100双白手套。

细节二：宾客遗留物不是垃圾，都可“续住”一晚。

一般经验丰富的客房部人员给宾客清扫房间时，要检查包括报纸、杂志、笔记本、收据、空瓶、未吃完的蛋糕等物品，遗留物必须分门别类放置一天。若无人认领，第二天傍晚才会被送到垃圾场。某日本酒店负责人表示，酒店还真的碰到过宾客回头来找一团纸球的事情：“只要千万位宾客中有一位因这样的服务受惠，我们就会坚持下去。”

细节三：客房清洁人员一丝不苟，检查细目多达190项

客房清洁人员通常是两人为一组，一人清扫浴室，另一人整理床铺，尤其是消除前一位宾客留下的味道。人类的嗅觉通常短暂几秒就能适应环境，所以清洁人员打开房门就要立即处理味道。客房清洁最能完美体现日本饭店对细节的一丝不苟，他们要求绝不能留下上一位宾客的任何痕迹。清洁人员打扫完后，一定会脱下鞋子，用吸尘器由内往外吸，以免留下脚印。但这还不能让宾客入住，必须让检查员做最后把关。检查员是帝国饭店在1999年增设的特有编制，堪称全世界饭店第一，也是唯一。从房门把手开始，电话是否正常运作、闹钟准时与否、玻璃杯有无手印、便条纸有无写过的痕迹等，检查项目多达190项，光房间入口处就有12项。

细节四：调酒师谨记杯子位置与宾客习惯。

帝国饭店本馆二楼的老帝国酒吧（old imperial bar），是唯一保存着20世纪20年代美国著名建筑师法兰克·洛伊·莱特（Frank Lioyd Wright）设计的帝国饭店建筑原貌的地方。酒吧灯光昏黄，到了晚上，投射灯就会在散发出复古氛围的原木吧台上投射出一个个光圈，宾客就坐在光圈前。这个光圈设计不只是为了美观，也是用来提醒调酒师宾客放杯子的位置。比如，宾客习惯把杯子放在光圈的三点钟位置，调酒师就会把第二杯酒放在那里。对于第一次光临的宾客所点的第一杯酒，调酒师通常会把酒杯放在规定的位置，相当于宾客四点钟的方向。从第二杯酒开始，调酒师会记好要求续杯时放酒杯的特定地方，把酒杯放在那个位置上，因为那就是宾客感到最舒适、最习惯的位置。

（本案例内容根据亚美咨询《日本酒店的10大细节，可谓用心极致，满满的感动》整理而得）

【分析】

酒店服务的质量法则：100减1绝对不是99，而是等于0，但一件小于0.1的贴心服务，也可能把原本的100变成200，甚至1 000。

能力单元二　岗位规范手势

【情境与分析】

礼仪情景

某机场酒店服务员小王站在酒店门口大堂，宾客的车准确地停在大门口停车区域内。这时有一位客户走了过来，询问这个城市的博物馆在哪里，有什么镇馆之宝和特别的珍藏的物品。小王向宾客说明了自己是一个新的员工，对城市还不是很了解。宾客一脸无奈地走开了。

分析与解决

如果你是小王，应该如何为客户服务，应该注意哪方面的仪态举止？

教师点拨

解决这类问题需要掌握以下知识和技能：

（1）要学会全心全意为客户服务；

（2）学会使用不同的手势语引导客户，做到让顾客满意。

手势是人们交往时不可缺少的动作，是最有表现力的一种态势语言。俗话说："心有所思，手有所指"。手的魅力并不亚于眼睛，甚至可以说手是人的第二双眼睛。手势表现的含义非常丰富，表达的感情也很微妙复杂。人的双手与大脑间的神经关联远多于人体其他部位。因此，手能够更好、更准确地表达内心思想和情感。在激励团队或与他人交流时，以手势强化表达是最直接和强有力的。有国际专家研究表明，语言是近期才成为人类的沟通方式（大约在200万年至50万年前），在此之前，在人类口语尚未进化完成之前，肢体语言和通过咽喉发出声音一直是人类传递感情和信息的主要方式。国际肢体语言专家阿尔伯特·麦拉宾有这样的研究结论：人在彼此交流中，一条信息产生的全部影响力，7%来自语言（仅指文字），38%来自声音（包括语音，音调等），而55%来自无声的身体语言。有国际专家甚至有这样的观点：话语（指文字）的主要作用是传递信息，而身体语言左右着人与人之间思想的沟通，身体语言在人类沟通和交流中发挥着重要作用。

一、引领手势

手势。它指的是人在运用手臂时，所呈现出的具体动作与体位。它是人类最早使用的、至今仍被广泛运用的一种交际工具。手势既有动态的，也有静态的。在长期的社会实践过程中，手势被赋予了种种特定的含义，具有丰富的表现力，加上手有指、腕、肘、肩等关节，活动幅度大，具有高度的灵活性，手势便成了人类表情达意的最有力的手段，在体态语言中占有最重要的地位。

规范的手势应该是手掌自行伸直，掌心向内向上，手指并拢，拇指自然稍稍分开，手腕伸直，手和小臂呈一条直线，肘关节自然弯曲，大小臂弯曲呈130°~150°为宜，掌心向斜上方，手掌与地面形成45°。

（一）横摆式

横摆式是用来指引较近的方向，表示“请”的意思时常用的动作。动作的要求是五指并拢伸直，掌心向上，手与前臂成一条直线，肘关节自然弯曲，手臂和身体呈45°~60°，手指向所指之物，另一只手自然下垂或放在体后，两脚并拢，可以呈丁字步站姿或V字步站姿，面带微笑，目光从所指之物转移到所被引领人，同时加上“请坐”“请进”等礼貌用语（图2-2-1）。

图2-2-1

（二）直臂式

直臂式，这种手势语主要用来指引较远方向。动作的要求五指并拢伸直，掌心向上，指向要指示的方向，手臂抬到大约与肩同高，另一只手臂自然下垂，两脚并拢，可呈丁字步或V字步。表情自然面带微笑，眼睛看着手所指的方向，可加上“请一直往前走”等的礼貌用语（图2-2-2）。

图2-2-2

（三）曲臂式

曲臂式的规范是五指并拢，手掌伸直，手心向上，肘微弯曲，手掌、手腕和小臂成一条直线。手臂从身体右侧抬出，从腹部前抬起，以肘为轴向一旁摆到腰部，与身体正面成45°时停止。头部与上身向伸出手的一侧倾斜。另一只手自然下垂，手指伸直，注视宾客，面带微笑，表现出对宾客的尊重与欢迎。

（四）双臂（横摆）式

双臂（横摆）式主要是用于向众多来宾表示“请”或指示方向。双臂式指双手五指并拢伸直，掌心向上，并同时从腹前抬起至上腹处，双手同时向前伸展，肘关节伸直，上身稍微向前倾斜（图2-2-3）。双臂横摆式指两手五指伸直并拢，掌心向上，从腹前抬起至上腹部处，双手一前一后，肘关节略弯曲，上身稍向前倾斜（图2-2-4）。双臂式要求双脚并拢成丁字步或V字步，表情自然，面带微笑，同时加上适时的礼貌用语。

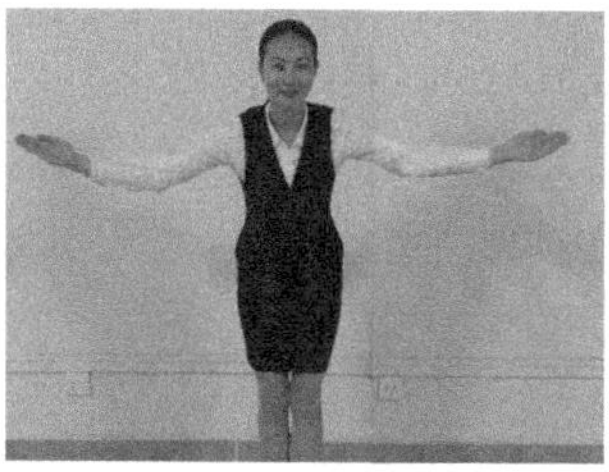

图2-2-3

图2-2-4

二、递接物品手势礼仪

递物与接物是常用的动作，应该表情自然，面带微笑。双手递、双手接，要表现出恭敬与尊重的态度，不能翘起小指或者无名指，表现出漫不经心的样子，甚至将物品掉在地上，这是非常失礼的。

递送文件、名片等要将正面朝向对方，双手拿在文件、名片的上部，大拇指在上，四指在下，同时要行微鞠躬礼。给宾客递送物品时，一定要直接递于对方的手中，除非宾客要求，服务人员也应配以相应的语言，如“根据您的要求，我把饮料放在您的桌子上。”如果距离宾客较远，服务人员应主动上前；给宾客递送物品时，应注意方便宾客接纳。

递送笔、刀、剪之类尖利的物品时，应将尖利一方朝向自己，而不应指向对方。

接物时两臂适当内合，自然将手伸出，两手持物，五指并拢，将东西拿稳，同时点头道谢。

一般情况下，应该采用双手递接物品，在特殊情况下，无法采用双手时，应使用右手递接。

三、引领手势礼仪注意事项

用引领手势引领宾客时，禁用手指指向，掌心向下；给来宾指示方向时，身体面向来宾，眼睛不能东张西望；禁用拇指指自己的鼻尖或用手指指点他人；使用手势语时，要注意不同地域的差别；使用手势语时，速度不宜太快，也不宜过于硬实，注意手势语面部表情和身体其他部位动作的配合，真正体现出尊重和礼貌。

现场演练

以 2 人为一组进行模拟训练，练习引领礼仪、递送手势语礼仪等内容。两人相互对面站立，提前准备好物品（文件或者名片等）。

技能训练

▲实践项目

运用本单元所学知识与技能，进行自我形象设计。

目标：

1. 培养审美能力。
2. 提高个人气质的能力。

▲实训项目：手势礼仪练习

1. 准备与要求：自备名片、文件、鲜花、茶水等物品。
2. 提示：在老师的指导下进行引领礼仪、递送礼仪练习。

拓展训练

案例分析

陈黎萍：传播美的使者

陈黎萍的名字，对于很多人来说还比较陌生，但在航空界，陈黎萍则是个名人。作为中国国际航空服务有限公司（以下简称“国航”）乘务中心美容形体科的首任科长和唯一的一任科长，她创立了国航乘务员的美容化妆和形体训练课，开启了中国空中小姐化妆美容与形体的正规训练。至今，她依然是中国航空界为数不多的获得国际航协教师资格的人。近年来，随着一些窗口服务行业纷纷把目光锁定以礼仪规范著称的航空界，陈黎萍的才艺逐步向社会多个领域延伸，繁忙也就成了自然的事。

2001 年 4 月，某民航学院航空运输专业的系领导专程驱车来到北京，请陈黎萍前去授课。其实这一切的背后有着一串尴尬的数字：那一届 100 多名“准空姐”毕业生，只有 10 多人被各航空公司挑走，剩下的毕业生成了“嫁不出去的姑娘”。

陈黎萍去后发现，姑娘们还不懂化妆，她们衣服颜色的搭配、发型也不甚理想，神采气质更欠锤炼。但从她们的面容和形体看，她们是一块块还没有被完全雕琢的“美玉”，青春靓丽的风采并没有充分展现出来。陈黎萍围绕如何包装自己以及空中小姐应具有的气质等知识对其进行了精心的传授。奇迹真的发生了，姑娘们在陈黎萍的指导下一步步蜕变为“白天鹅”，大部分姑娘被航空公司选走。

思考：民航学院运输专业的学生从“嫁不出去的姑娘”到最后“大部分姑娘被航空公司选走”，这个案例对你有什么启示，今后你将如何做好服务工作？酒店服务工作是非常繁杂的工作，在工作中应注重个人形象和素质的提升等问题，你将如何应对？

能力单元三 岗位规范表情

情境与分析

礼仪情景

在广州举办的第十六届亚运会开幕式上，一位礼仪小姐站立在致开幕辞的中外官员身后，因为她恰好站在演讲台的旁边，所以出镜率颇高。当几位领导致辞时，这位礼仪小姐一直保持着非常职业的微笑，这温柔的笑容让众多网友动容，并给她取了一个“微笑姐”的名字。

微笑常常被视为“参与社交的通行证”，微笑充分诠释着空乘人员自信、热情、友善的心，同时也给宾客带来温馨、美好的心理感受，在微笑服务中充分体现了酒店服务人员个人的品质和修养。

分析与解决

如果你是一名酒店专业的学生，你将如何学会运用目光及微笑等表情与人交流？

教师点拨

解决这类问题需要掌握以下知识和技能：

1. 要学会热爱酒店事业的心态；

2. 学会使用运用目光及微笑等表情语，做到让宾客满意。

表情语言属于非语言交际符号，它指的是凭借眼睛、嘴及颜面肌肉等的变化表现在面部的思想感情及信息。人们对现实环境和事物所产生的内心体验以及所采取的态度经常会有意无意地通过面部表情显示出来。人与人相识的第一印象，就是来源于仪表谈吐。在酒店服务工作中，服务人员的一个眼神、一个表情都可以传递出内心的信息。目光是一种真诚而含蓄的语言，它是面部表情的第一因素，人们常说“眼睛是心灵的窗口”，从一个人的目光可以窥探到其内心世界。

“回眸一笑百媚生，六宫粉黛无颜色。”诗人白居易《长恨歌》中充分阐释了笑的重要性，笑能让人欢喜，让人心情愉悦，笑能融化人与人之间的隔阂，笑是世界上最美的语言。一个自然的、发自内心的微笑会使人倍感亲切，拉近了彼此的距离，微笑也是一道亮丽的风景线。微笑服务也是每一位酒店服务人员展现给宾客的一种关怀信号，微笑是一种没有国界的语言。

一、微笑

微笑是一种内心愉悦的表达方式，传递着自信、温馨、亲切、友善和关爱的表情，微笑是隐形的资本，是实现优质服务的保证。日本酒店的服务人员，仅微笑就要训练半年，每位员工都要在清晨起床后对着镜子冲着自己来一个动人的微笑，念一声“一”，这不仅可以是一天的良好开端，也可以帮助自己体会怎样的微笑才使宾客看来舒服。

（一）微笑练习要求

微笑要发自内心，它是通过自然大方和亲切的表情，由眼神、眉毛、嘴巴、表情等多方面协调动作来体现的。微笑要做到嘴笑、眼笑、神色笑和心笑，防止生硬、虚伪、笑不由衷、皮笑肉不笑。

微笑练习要领：面部肌肉放松，露上齿，嘴角微向上提起，面含笑意，亲切自然，但不能露出牙龈，笑不出声。微笑练习要和表情紧密结合，微笑中眼睛的表情十分重要，要做到口到、眼到、神色到，笑眼传情。我们可以通过以下几种方法练习微笑：

1. 对镜训练法

站在镜前，以轻松愉快的心情，调整呼吸自然顺畅。静心 3 秒钟，开始微笑，双唇轻闭，使嘴角微微翘起，面部肌肉舒展开来；同时注意眼神的配合，达到眉目舒展的微笑面容。使用此方法练习微笑时，可以先用纸张掩住嘴巴，练习眼神，从而达到眼神嘴型的完美结合。

2. 含箸法

这是日式训练法。选用一根洁净、光滑的圆柱形筷子（不宜用一次性的简易木筷，以防拉破嘴唇），横放在嘴中，用牙轻轻咬住（含住），以观察微笑状态。挑选出满意的笑容，并时常练习，保持这种微笑。

3. 词语训练法

默念普通话中的“一”字、“钱”字、“茄子”等字词，注意口型，这是微笑的最佳口型。

（二）笑的禁忌

笑的禁忌：在正式场合，不能放肆大笑，让人感觉没有教养；不要在工作中讥笑别人，也不要评论别人；不要傻笑，让对方尴尬；不要皮笑肉不笑，使对方无所适从；不要冷笑，使对方产生敌意；在不同的场合，有的场合可以笑，有的场合需表情严肃。因此，笑也要因时、因场合、因事适宜，否则效果往往会适得其反。

二、目光

目光也称为目光语，是运用眼睛的动作和眼神来传递信息和感情的一种体态语言。在传递细微情感方面，目光语可起到其他语言行为与非语言行为无法替代的作用。在人际交往中，目光的交流总是处于最重要的地位，交流过程中，双方要不断地应用目光表达自己的意愿、情感，还要适当的观察对方的目光。交流结束时，也要用目光做一个圆满的结尾。

一双炯炯有神的眼睛，给人以感情充沛、生机勃勃的感觉；相反，目光呆滞、麻木的人，会人然留下精神不振的印象。因此，酒店服务人员应该学会正确地使用目光进行交流，用目光来表达自己的意愿、情感，并应学会从宾客的目光中了解他们的需要。

（一）目光注视区域

1. 公务注视

在接受和处理客户投诉、异议及谈判、磋商时，眼睛注视的范围是对方眉心至双肩这一大三角范围之内。注视范围较为宽阔，可以避免产生咄咄逼人的感觉，能够营造宽松的交流氛围。目光过于紧凑或集中在双眼之间常常会使客户感觉到压力，一种集体强势对待个体的压力。

2. 服务交往注视

在服务场合与客户交往时，一般注视其两眼至鼻子这一倒三角范围。它可以营造一种平等、亲切和轻松的交往气氛，有利于双方的交流，既不会使客户产生被怠慢的感觉，又可以使客户感受到必要的尊重和关注。

3. 对熟悉客户注视

在与熟悉客户交往时，一般注视其眉心至嘴部这一三角范围。这是具有亲密关系的人群注视范围，如非常熟悉的常客或 VIP 客户。嘴唇是人体外漏的一个比较性感的器官，除非是很熟悉的客户、同性的客户、年龄相差很大的客户，否则轻易不要在与人交流的时候注视对方的嘴唇。

（二）用目光进行交流

酒店服务人员与宾客之间是一种服务关系，他们之间的目光交流应该停留在服务注视的阶段，也就是双眼到鼻子这一倒三角的区域，不能老盯着宾客的嘴唇和身体其他部位，以免引起不必要的误会和麻烦。

和宾客交往时，初次见面，应该多行注目礼，轻轻点头，表示对宾客的尊重和礼貌。

与宾客交谈时，要注意与宾客目光的接触，了解他们的兴趣和需要，不可以左顾右盼，三心二意，忽视宾客的感受和需要。谈话时要根据谈话的内容，适当表达自己的意愿，不要让宾客觉得你在敷衍应付。

（三）"阅读"宾客的目光

言谈过程中，在正确运用自己目光的同时，要学会"阅读"宾客的目光，目光应以温和、大方、亲切为宜，应多用平视的目光语，从对方的目光变化中分析他们的内心活动和意向。

当宾客的目光长时间地与你终止接触或者游移不定时，则表示宾客对你们交流的内容不感兴趣，应尽快结束谈话。

当宾客在左顾右盼或者不停地看表时，则表示宾客可能有急事要离开。

▲教师举例

作为一名酒店服务管理专业的学生，如何正确地运用微笑礼仪以及目光礼仪？

▲现场演练

1. 目光训练

将学生分为若干组，练习用目光与对方进行交流，试着揣摩对方的心思。

2. 微笑训练

运用对镜练习法、词语训练法、含箸训练法练习微笑，找出自己最满意的笑容，然后保持此笑容一分钟。

小资料

交谈中的危险雷区

细节一：不要一个人长篇大论。交谈讲究的是双向沟通，因此要多给对方发言的机会，不要只顾一人侃侃而谈，而不给他人开口的机会。

细节二：不要冷场。不论交谈的主题与自己是否有关，自己是否有兴趣，都应热情投入，积极合作。万一交谈中出现冷场，应设法打破僵局。常用的解决方法是转移旧话题，引出新话题。

细节三：不要插嘴。他人讲话时，不要插嘴打断。即使要发表个人意见或进行补充，也要等对方把话讲完，或征得对方同意后再说。对陌生人的谈话是绝对不允许打断或插话的。

细节四：不要抬杠。交谈中，与人争辩、固执己见、强词夺理的行为是不可取的。自以为是、无理辩三分、得理不让人的做法，有悖交谈的主旨。

细节五：不要否定。交谈应当求大同，存小异。如果对方的谈话没有违反伦理道德、侮辱国格人格等原则问题，就没有必要当面加以否定。

细节六：把握交谈时间。一次良好的交谈应该注意见好就收，适可而止。普通场合的谈话，最好在30分钟以内结束，最长不能超过1小时。交谈中每人的每次发言，在3~5分钟为宜。

细节七：避免低声耳语。如果多人交谈时，你只对其中一人窃窃私语，会给其他人造成你正在评论他们的印象，这种时候低声耳语会让其他人觉得你排斥了他们。

细节八：不要用手指点别人，需要指出其他人的时候，应该把手指全部伸开，掌心朝上，用手掌指出那个人。

细节九：不要过分谦虚。受到表扬的时候，可以把自己快乐的心情直接告诉对方，比只是谦虚效果好多了，这时候，空气中都会充满了幸福的感觉。

细节十：不要挑剔别人的毛病。大家在一起的时候，如果总是挑剔别人的毛病，被你挑毛病的人就会心情很差，应该从积极的角度思考，正确理解对方的想法和心情。

（资料来源：张晓梅. 晓梅说礼仪［M］. 北京：中国青年出版社，2008.）

技能训练

▲实践项目

运用本单元所学知识与技能，进行最佳微笑设计和正确运用目光语。

目标：

1. 培养交流沟通能力；
2. 提高个人涵养能力。

▲实训项目：手势礼仪练习

1. 准备与要求：白纸、筷子等。
2. 提示：在老师的指导下进行目光礼仪、微笑礼仪练习。

教师根据学习内容，让学生自由组队，举办以“微笑之星”的比赛，评比出最佳的“微笑之星”。

拓展训练

案例分析

十二次微笑

飞机起飞之前，一位乘客请空姐给他倒一杯水吃药。空姐很有礼貌地说："先生，为了您的安全，请稍等片刻，等飞机进入平稳飞行后，我会立刻把水给您送过来。好吗?"

15分钟后，飞机早已进入了平稳飞行状态。突然，乘客服务铃急促地响了起来，空姐猛然意识到：糟了，由于太忙，忘记给那位乘客倒水了！空姐连忙来到客舱，小心翼翼地把水送到那位乘客跟前，面带微笑地说："先生，实在是对不起，由于我的疏忽，延误了您吃药的时间，我感到非常抱歉。"这位乘客抬起左手，指着手表说道："怎么回事？有你这样服务的吗？你看看，都过了多久了?"空姐手里端着水，心里感到很委屈。但是，无论她怎么解释，这位挑剔的乘客都不肯原谅她的疏忽。

接下来的飞行途中，为了补偿自己的过失，空姐每次去客舱给乘客服务时，都会特意走到那位乘客面前，面带微笑地询问他是否需要水，或者别的什么帮助。然而，那位乘客余怒未消，摆出一副不合作的样子，并不理会空姐。

临到目的地前，那位乘客要求空姐把留言本给他送过去。很显然，他要投诉这名空姐。此时，空姐心里虽然很委屈，但是仍然不失职业道德，面带微笑地说道："先生，请允许我再次向您表示真诚的歉意，无论你提出什么意见，我都将欣然接受您的批评!"那位乘客脸色一紧，嘴巴准备说什么，可是却没有开口。他接过留言本，在上面写了起来。

飞机安全降落。所有的乘客陆续离开后，空姐打开留言本，惊奇地发现，那位乘客在本子上写下的并不是投诉信，而是一封热情洋溢的表扬信。是什么使得这位挑剔的乘客最终放弃了投诉呢？在信中，空姐读到这样一句话："在整个过程中，你表现出的真诚的歉意，特别是你的十二次微笑，深深打动了我，使我最终决定将投诉信写成表扬信！你的服务质量很高。下次如果有机会，我还将乘坐你们的这趟航班!"

（资料来源：谷静敏. 商务沟通与礼仪［M］. 青岛：中国海洋大学出版社，2011)

真诚的微笑能够弥补我们犯下的错误，冰释我们生活的误会和怨恨。只要你对他人绽开你真诚的笑容，他人也会给予你同样的热诚和关爱的。

思考：从这个故事中，你得到了哪些启示?

能力单元四　岗位规范鞠躬

情境与分析

礼仪情景

吴先生要雇一个没有带任何介绍信的小伙子到他的办公室做事，先生的朋友挺奇怪。先生说："其实，他带来了不止一封介绍信。你看，他在进门前先蹭掉脚上的泥土，进门后先脱帽，随手关上了门，这说明他很懂得礼貌，做事很仔细；当看到那位残疾人时，他立即起身让座，这表明他心地善良，知道体贴别人；那本书是我故意放在地上的，所有的应试者都不屑一顾，只有他俯身捡起，放在桌上；当我和他交谈时，我发现他衣着整洁，头发梳得整整齐齐，指甲修得干干净净，谈吐文雅，思维十分敏捷。怎么，难道你不认为这些小细节是极好的介绍信吗?"

分析与解决

（1）案例中吴先生的话对你有哪些启示?

（2）你已经拥有哪些介绍信了?

教师点拨

解决这类问题需要掌握以下知识和技能：

1. 注重礼貌，注重细节；

2. 做一个有礼貌、懂礼节、有涵养的人。

"鞠躬"起源于中国，商代有一种祭天仪式——"鞠祭"，即将祭品牛、羊等整体弯卷成圆的鞠形，再摆到祭处奉祭，以此来表达祭祀者的恭敬与虔诚。这种习俗在一些地方一直保持到现在，人们在现实生活中，逐步沿用这种形式来表达自己对地位崇高者或长辈的崇敬。

低身弯腰，象征着把自己的信任呈现给对方，这也是鞠躬的最初由来。直到现在逢年过节的时候，很多地方的人也会把猪、牛、羊整个曲蜷成圆形，令其首尾相接，用来表达虔诚和敬意。

一、鞠躬的含义

鞠躬是指请安、低头，弯腰或屈膝以表示尊敬、屈从或羞愧。鞠躬是中国、日本、韩国、朝鲜等国家传统的、普遍使用的一种礼节。鞠躬主要表达"弯身行礼，以示恭敬"的意思。

鞠躬，即弯腰行礼，是表示对他人敬重的一种郑重礼节。它不仅是我国的传统礼仪之一，也是很多国家常用的礼貌方式。在我国，鞠躬常用于下级对上级、学生对老师、晚辈对长辈表达由衷的敬意，也常用于服务人员对宾客致意，或表演者、演讲者、领奖者对听众、观众表示尊敬和感谢，有时还用于向他人表达深深的感激之情或诚恳的道歉之意。

二、鞠躬的基本要领

鞠躬的基本要领：面对受礼者，身体直立，双脚跟并拢脚尖微微打开 15°，以腰部为轴，上身直立随轴心向下向前倾斜，目光随之落在脚尖前 1~2 米处或者落在对方的脚尖上。女士鞠躬时，双手（右手搭左手）随着身体倾斜放在小腹上（图 2-4-1、图 2-4-2）；男士双手放在身体两侧，中指紧贴裤缝线，鞠躬过程中手势基本保持不变。在行礼时稍有停顿，再慢慢抬头。行礼后抬头看对方的眼睛，面带微笑，可以致以简单的问候语“您好”“早上好”“欢迎光临”等。

鞠躬的幅度越大，表示越敬重对方。一般的问候、打招呼时，鞠躬的幅度为 15°左右；迎客、送客表示诚恳、歉意之时，鞠躬幅度为 30°左右；表示忏悔、改过、谢罪等特殊的情况，可用 90°的大鞠躬（图 2-4-3）。

图 2-4-1

图 2-4-2

图 2-4-3

三、鞠躬的注意事项

（1）要脱掉帽子；

（2）嘴里不能吃东西或者叼烟头；

（3）鞠躬时，身体背部和头部应在同一直线上，不能只把头低下；

（4）鞠躬时目光应该向下看，表示一种谦恭的态度，不能一面鞠躬一面翻起眼睛看着对方。

▲教师举例

别人面对你进行鞠躬礼时，你如何还礼?

▲现场演练

每两个同学组成一组，两人面对面，进行鞠躬礼训练。

【小资料】

作揖礼

作揖是汉族民间传统的一种礼节。拱手为礼则是古代宾主相见时常用的礼节。两手抱掌前推，身子略弯，表示向人敬礼。它相比于外国人的握手礼，有更卫生、优美、自主、有文化底蕴的特点。然而，随着近代西方文化传入中国，中国人接受并使用握手礼，像作揖这样优美的见面行礼方式却渐渐地被替代甚至遗忘了。

作揖根据不同场合有不同用法，男性右手在内左手包于其上称为“吉拜”，常用于过年等喜庆场合；反之则是“凶拜”，一般用于吊丧。女性的手势和男性是相反的，左手握拳右手包于其上是“吉拜”。

如果到别人家做客，在进门与落座时，主客相互客气行礼谦让，这时行的是作揖礼，称为“揖让”。作揖礼在日常生活中为常见礼仪，除了上述社交场合外，向人致谢、祝贺、道歉及托人办事等也常行作揖礼。

拜年行礼的正确动作是：两手抱拳高抬，身体略弯，两脚并放，以示敬意。古代有以左为尊的说法，作揖时，左手在上，以“左”示人，表示真诚与尊敬，晃三下就可以了。这是我国古代传下来的行礼形式，称为“作揖”。

技能训练

▲实践项目

运用本单元所学知识与技能，自己进行鞠躬礼训练。

目标：

1. 培养审美能力。

2. 提高个人气质的能力。

▲实训项目：致意礼仪

1. 要求：进行微笑致意、举手致意、点头致意、鞠躬致意、作揖等礼仪训练；

2. 提示：在老师的指导下区分几种致意礼仪的特征及适用场合。

拓展训练

案例分析

案例一：我不愿意在礼貌上不如任何人

《林肯传》中记录了这样一件事：一天，林肯总统与一位南方的绅士乘坐马车外出，途遇一位老年黑人深深地向他鞠躬。林肯点头微笑并摘帽还礼。同行的绅士问道："你为什么要向黑人摘帽?"林肯回答说："因为我不愿意在礼貌上不如任何人。"可见林肯深受美国人民的爱戴是有原因的。1982年美国举行民意测验，要求人们在美国历届的40位总统中挑选一位"最佳总统"时，名列前茅的就是林肯。

（资料来源：谷静敏. 商务沟通与礼仪［M］. 青岛：中国海洋大学出版社，2011）

案例二：背后的鞠躬

日本人对礼仪非常重视，行鞠躬礼是司空见惯的。一位中国留学生却对一个背后的鞠躬印象最深刻。当时正是日本国内旅游旺季，日航大阪饭店的大堂宾客络绎不绝。一位手提皮箱的宾客走进大厅，行李员立即微笑地迎上前去，鞠躬问候，并跟在宾客身后问宾客是否要帮助提皮箱。这位宾客也许有急事吧，嘴里说了声："不用，谢谢。"他说完，头也没回径直朝电梯走去，那位行李员朝着那匆匆离去的背影深深地鞠了一躬，嘴里还不断地说："欢迎，欢迎!"这位留学生看到这情景困惑不解，便问身旁的饭店经理："当面给宾客鞠躬是为了礼貌服务，可那位行李员朝宾客的后背深鞠躬又是为什么呢?""既是为了这位宾客，也是为了其他宾客。"经理说，"如果此时那位宾客突然回头，他会对我们的热情欢迎留下印象。同时，这也是给大堂里的其他宾客看的，他们会想，当我转过身去，饭店的员工肯定对我一样礼貌。"

这则小资料使我们对鞠躬礼的作用有了进一步的了解，当面鞠躬热情问候为了礼貌服务；背后鞠躬虔诚备至为了树立良好的形象。这说明，在这些日本饭店，服务人员有着明确的公关意识。鞠躬也是公关，这对树立饭店良好形象，赢得宾客对饭店的好感，进而争取更多的客源能起到良好的作用。在日本，饭店极少收到宾客投诉，这并不是饭店的一切都天衣无缝，无懈可击，而是饭店细致周到的礼貌服务使宾客的享受需求和自尊心理得到最大限度的满足，那么即使它有一点小小的瑕疵，宾客们也不会大动肝火了。宾客消费心理告诉我们，进酒店的宾客通常把尊重看得比金钱更重要，这就要求我们认真讲究礼节礼貌，使宾客感到他在酒店里得到充分尊重。

（资料来源：黄海燕. 旅游服务礼仪［M］. 天津：南开大学出版社，2007.）

思考：分析这两个小案例，思考一下，酒店服务人员如何把礼貌礼节融入工作及生活中?

模块三 酒店服务仪容仪表塑造

三国时期曹操曾经这样说过："君子正其衣冠、尊其瞻视，何必蓬头垢面，然后为贤?"这句话的意思是说，即使是谦谦君子，也要使其衣冠整齐，看上去令他感到受尊敬。酒店服务仪容仪表礼仪包括人的仪容、仪表、表情、服饰等。礼仪的主要表现形式就是一个人的谦逊的态度、文明礼貌的语言、优雅得体的举止等。在礼仪中仪容仪表礼仪是基础，是人的第一印象，它体现一个人最基本的礼貌、教养和品位格调。

中国饭店行业服务礼仪规范

1. 饭店员工应容貌端正，修饰得体，衣着整洁美观。
2. 饭店员工应保持面部洁净、口腔卫生。女员工可以适度化妆以符合岗位要求。
3. 饭店员工应保持头发干净，长短适宜，发型符合岗位要求。
4. 饭店员工应保持手部清洁，指甲长短适宜，符合岗位要求。在不违反具体岗位要求的情况下，女员工可以涂无色指甲油。
5. 饭店员工应统一着装。工装干净整洁、外观平整、搭配合理，并符合饭店形象设计要求。
6. 饭店员工应佩戴胸卡。胸卡应标明饭店标志、所在部门、员工姓名等。从事食品加工工作的员工可将胸卡内容绣在上衣兜口处。鼓励有条件的饭店为具备外语、手语接待技能的员工佩戴特殊胸卡。
7. 饭店员工佩戴饰品应符合岗位要求，佩戴的饰品应制作精良，与身份相符。
8. 从事食品加工工作的员工应佩戴专用的工作帽、口罩、手套等，不应涂指甲油。从事食品加工工作的员工和工程部员工应穿无扣服装，不佩戴任何饰物。

【学习目标】

★知识点

1. 了解酒店服务礼仪仪容仪表基本礼仪素质；
2. 掌握酒店服务礼仪仪容仪表的具体要求；
3. 学以致用，塑造符合岗位需求的个人形象。

★技能点

1. 掌握妆容设计的基本方法；

2. 掌握仪表礼仪规范，并在工作中正确穿着及搭配服饰。

能力单元一　酒店服务人员仪容规范

【情境与分析】

礼仪情景

李丽，刚从高校毕业入职某高星级酒店做文员。在干净整洁的办公环境中，为适应酒店工作需要，上班时，她化起了整洁、漂亮、端庄的“白领丽人妆”，放弃了她的青春少女妆容：自然、稍带棱角的眉毛与服装色系搭配的灰度高偏浅色的眼影，紧贴上睫毛根部描画的灰棕色眼线，黑色自然型睫毛，再加上自然的唇型和略显浓艳的唇色，整个妆容清爽自然，尽显自信、成熟、干练的气质。再加上她和善诚实的个性、活泼开朗的性格、自信的微笑、谦虚勤学的态度，她在工作中也是如鱼得水，游刃有余，赢得了同仁们的一致好评。

分析和解决

得体的妆容礼仪是对别人的尊重，它反映了一个人的精神面貌，朝气与活力，彰显个人品位和格调，是传达给接触对象感官最直接、最生动的第一信息。

教师点拨

1. 外在美是一个人的修饰，而内在美是一个人的修为，内在美和外在美的统一才能感染人的心灵，温暖整个世界。

2. 塑造文质彬彬，表里如一的自我形象。

《礼记·冠义》上说，“礼仪之始，在于正容体，齐颜色，顺辞令”，就是说礼从端正容貌和服饰开始。一个有文明修养的人，一定是容貌端正、服饰整洁、体态表情端正、言辞得体的人。

仪容，通常是指人的外貌，是一个人的精神面貌和内在气质的外在体现。具体而言，仪容由一个人的面容、发式以及身体所有未被服饰遮掩的肌肤所构成。在人际交往中，每个人的仪容都会引起交往对象的特别关注，且会影响到对方对自己的整体评价。它不仅反映着一个人的精神面貌、朝气和活力，而且还给接触对象以最直接、最生动的感官第一信息。

在酒店服务工作中，酒店服务工作者的仪容礼仪是整个仪表的最直接的体现，也是留给顾客最重要的印象的关键所在，端庄、美丽、大方得体的仪容礼仪是酒店形象最好的代言人，也是个人塑造良好形象的直接体现。

一、头发的保养与护理

健康的秀发让人倍显年轻。健康靓丽的头发是一个人形象、健康与气质魅力的体现。头发的保养和护理主要经过洗发、护发、养发三个步骤进行。头发梳理得体、整洁大方是对他人的尊重，在酒店工作时，得体的发式礼仪是合乎酒店服务行业的标准和规范的基本要求。

正确地选择发梳。梳头时尽量少用尼龙、金属、硬塑料等材料做成的发梳，因为这些材料摩擦时容易产生静电，为防静电也可以先用少量的水或护发油打湿头发，然后再梳头。猪鬃毛的梳子因为在使用时不容易产生静电所以一直都被公众推崇为最好的梳子。为了保养头发，最好用宽齿的梳子梳头发，让头皮的循环因为刺激而更加畅通。在头发保养的时候要用扭转手腕彻底地梳理头发，让头发油脂分散，秀发变得更加亮泽。

1. 洗涤

头发干净无异味是保持头发健康靓丽的基本条件，干净整洁的发型增强人的自信和舒适感。洗头是日常生活中必要的操作，也是保养头发的基础，正确的洗涤方式是洗好头发的第一步。

准备。用梳子把头发梳开后，用清水先将头发清洗一遍，这样可使头发上的灰尘减少，洗头时可减少洗发液的用量，降低对头皮的刺激。

水温。水温最好能控制在 38 度左右。

揉搓法。在手上倒 1 元硬币大小的洗发水，加水轻轻揉搓至起泡，再涂抹于头部，涂抹的同时按摩头皮。应以画圆圈的方式，用指腹按摩头皮，切忌用指甲搔抓，油性头皮者要着重清洗发根。

冲洗。在冲洗头发的时候，要让水浸过头发，而且还要从上打下抚摸头发。但是要注意这时候不要用力按摩头皮，因为这时按摩头皮很容易造成头皮损伤。一定要用清水将头发冲洗干净，发根处尤其重要，不要让任何的洗发液残留在头皮上，洗发液残留容易造成头皮过敏。

2. 护发

护理头发是促进发质健康生长的前提，使用护发品进行护发，给予头发更丰富的养分，能使头发在外层形成保护膜，有效保护头发。在吹发时，避免使用过大、过热的吹风机强力吹干头发，这样会损伤头发并导致头发干枯和脱落。应先将头发吹至八分干，发尾处可自然风干。可按照以下步骤让头发自然干爽，避免使用电吹风。首先，用毛巾将头发用毛巾将头发包裹住，然后轻拍按压（切勿用搓揉的方式），将头发内多余的水分尽量吸干；其次，用宽齿梳从发尾开始，轻柔地将头发梳顺梳开；最后，在距离头皮约 15 厘米的地方，以温和的凉风吹向头皮发根处，可以用手指稍微翻动发根处的头发。

发型与个人的年龄、环境、身体状况、职业状况息息相关，护发也应该区分不同人群的特征，护发还要注意季节的特点，天天洗发不一定就好。

春季气候变化大，初春可按冬季的护理方法，而暮春可参照夏季的养护手段，每个人应根据气候的具体情况，合理地选用洗发液、养发剂和防晒品，使头发保持光泽、柔顺、易梳。头发的异常变化主要是因为头发油分不足，水分丢失所造成，如能经常使用养发剂，及时补充油分、水分和其他必需的营养物质，可保持头发的健康。

夏季，天气炎热，人体汗腺、皮脂腺分泌旺盛，大量的汗液和皮脂积聚在头发中，为细菌、真菌生长创造了良好的条件，所以保持头发的清洁十分重要。洗头的次数以 1～2 天洗一次最宜，洗头后可选用些养发剂，加强对头发的护理。外出时应特别注意头发的防晒，可搽些防晒发乳，避免在中午 11 时至下午 3 时外出。若要外出可以戴太阳帽或撑太阳伞，以防止头发受紫外线的损害。

秋季，气候逐渐干燥，头发变得蓬松，易脱落，这时不宜烫发、染发。应经常按摩头皮，使头部肌肉松弛，促进血液循环，加速毛发生长。注意合理的营养摄入，多吃蛋白质，维生素，少吃刺激性食物，保持良好的情绪，不用或少用电吹风或其他整发器。

冬季，气候干燥，人体汗腺和皮脂腺分泌较少，头发会变得干枯，无光泽，弹性降低，发生静电提升的概率，易吸附尘埃，头发易脏，头皮角质细胞脱落增多，头皮屑增加。所以我们在冬季应选用营养的洗发液清洁头发，在每次洗完发后涂抹护发素，每天应按摩头皮，按摩结束后再涂上少量滋养发乳，使头发有足够的营养，变得光泽富有弹性。如头皮屑仍较多，可用去头皮屑的洗发液，它有一定的止痒效果。

另外，全身健康与头发的生长密切相关，健康的体质是健康头发的前提，积极锻炼身体，改善体质，合理休息才能使秀发健康秀美。同时，平时还要注意补充足够的水分和营养素，有益于头发生长。

3. 养发

有效地养发，不仅需要我们有充足的睡眠，每天摄入足够的营养，还有一个非常重要的方法就是按摩。按摩能使头发柔软，提高新陈代谢，促进头发的发育。按摩的方法是以手指揉搓或拉紧头发。每天早晚用梳子将头发梳一梳，这样既可以促进头皮的血液循环，又能将头发上黏附的尘垢刷掉，有利于生发、固发和增加头发的光泽。使用毛刷制成的刷子，每天轻拍头皮也可以预防掉发。

经常修剪头发也是养发的重要的一步。酒店服务工作人员规范要求员工保持发质健康、干净、整洁、定期修剪头发。男士头发长度要符合规范，前发不遮住额头，旁不遮耳朵，后面头发不能触及衣领，不能留长发或者怪异的发型，也不能染过于时髦的颜色的发色。女士的发型前刘海不宜挡住视线，不留过于新潮的发型或者染过于亮眼的发色，留长过披肩的头发要扎起或者盘起，避免使用过于艳丽的发饰。酒店服务人员根据自己的工作特点选择符合自己气质的发型，扬长避短，和谐统一，体现出酒店服务人员干练、阳光、成熟、稳重、落落大方的形象气质。

4. 发型的选择

发型可以快速改变个人形象，如果发型不得当，个人形象马上会大打折扣。为了更好地提升自己的形象，应根据脸型和体型来选择发型。

（1）发型与脸形协调。

发型对人的容貌有极强的修饰作用，甚至可以“改变”人的容貌。任何一种脸形都有其特殊的发型要求，根据自己的脸形选择发型，这是发型修饰的关键。例如，圆脸形适合将头顶部分头发梳高，两侧头发适当遮住两颊，要避免遮挡额头使脸部视觉拉长；长脸形适宜选择用“刘海”遮住额头，加大两侧头发的厚度，使脸部丰满。

（2）发型与发质协调。

每个人的发质不一样，不同的发质适合不同的发型。例如，柔软的头发容易整理，适合做任何一种发型，但俏丽的短发更能体现柔软发质的个性美；自然的卷发适合留长发，这能展现其自然的卷曲美；服帖的头发最好将头发剪短，如在修剪时将发根稍微打薄一点，使颈部若隐若现，这样能给人以清新明媚之感；细少的头发适合长发，将其梳成发髻比较理想；直硬的头发很容易修剪得整齐，所以设计发型时最好以修剪技巧为主，同时尽量避免复杂的花样，力求做出比较简单而且高雅大方的发型来。

（3）发型与体型协调。

发型的选择得当与否，会对体型的整体美产生极大的影响。比如，脖颈粗短的人，适宜选择高而短的发型；脖颈细长者，宜选择齐颈搭肩、舒展或外翘的发型；体型瘦高的人，适宜留长发；体型矮胖者，适宜选择有层次的短发。

（4）发型与年龄、职业相协调。

发型是一个人文化修养、社会地位、精神状态的集中反映。通常，年长者最适宜的发型是大花型短发或盘发，给人精神、温婉可亲的印象，而年轻人更适合活泼、简单、富有青春活力的发型。

（5）发型与服饰协调。

头发为人体之冠，为体现服饰的整体美，发型必须根据服饰的变化而改变。如穿着礼服或制服时，女性可选择盘发或短发，以显得端庄、秀丽、文雅；穿着轻便服装时，可选择各式适合自己脸型的轻盈发式。

二、皮肤的护理

皮肤的日常基础护理包括洁肤、爽肤、润肤。

洁肤。卸妆后，取洁面用品，用无名指以向上向外打圈的手法揉洗面部及颈部，清除尘垢和过剩油脂有化妆物，去除表面老化角质，促进新陈代谢，让肌肤清新、爽洁。洁肤是肌肤美丽的第一步。

爽肤。用化妆棉粘取爽肤水轻轻擦拭脸及颈部，注意避开眼部。擦爽肤水可起到进一步清洁皮肤、补充水分、平衡皮肤的 pH 值、帮助收缩毛孔的作用。

润肤。将润肤品抹于脸部及颈部，以向上向外打圈的手法轻轻抹匀，为肌肤补充必要的水分与养分，令肌肤柔润而有弹性。

三、女士的化妆

“要不要化妆”这个问题如今已无须再争论。化妆可以使自己增添信心，也是人际交往中相互尊重的一种表现。美丽的容貌令人赏心悦目，但是天生丽质的人毕竟是少数，恰到好处的化妆，可使自己美丽和光彩照人。

（一）化妆的原则

脸部化妆的内容，包括眉、眼、鼻、颊、唇等部位的化妆。要想化好脸部的妆，首先必须掌握脸部化妆的基本原则：

1. 扬长避短

化妆一方面要突出自己脸部最美的部分，让自己显得更加美丽动人；另一方面要掩盖或矫正缺陷或不足的部分。

2. 协调统一

脸部化妆应注意色彩的搭配、浓淡程度；同时，还要与发型、服饰相配；当然，面部化妆还应该与身份、场合相宜，力求取得完美的整体效果。

3. 自然真实

化妆要自然协调，无论淡妆、浓妆，切忌厚厚涂抹一层。所谓“浓妆淡抹总相宜”“妆成有却无”等皆指化妆的自然真实。

（二）化妆的礼规

1. 勿当众化妆

维护仪容仪表的全部工作应在“幕后”完成。化妆属个人的私事，只能在无人的情况下悄然进行。

2. 勿以残妆示人

化妆要有始有终，维护妆面的完整性。化妆后要常做检查，特别是在休息、用餐、饮水、出汗、更衣之后，要经常关注自己的妆容，发现妆面残缺，要及时补妆。

3. 勿非议他人妆容

每个人都有自己的审美观和化妆风格，切勿当面对别人的妆容品头论足，这不仅会让对方难堪、反感，而且也会让自己失礼。

4. 勿借用他人的化妆品

不论是对谁，不论是否需要，都不要去借用他人的化妆品，这不仅不卫生，也不礼貌。

（三）化妆的常见类型

1. 工作妆

工作妆宜化淡妆，妆色健康、明朗、端庄，追求自然清雅的化妆效果，力求做到“妆成有却无”的效果。

2. 晚宴妆

晚宴妆追求细致亮丽的化妆效果，妆容宜化得浓艳些。

3. 舞会妆

舞会妆要突出个性，追求妩媚动人的化妆效果。舞会灯光幽暗，妆容宜化得稍浓艳。

4. 休闲妆

妆面不需要太多的痕迹，用色应清新淡雅，整体妆面特征自然简洁，应体现出轻松愉快、健康舒适的 化妆效果，另外也可以根据场合在浓度上做相应的调整。

（四）化妆的基本步骤

1. 涂粉底

用海绵蘸取粉底，在额头、面颊、鼻部、唇周和下颌等部位，采用印按的手法，由上至下，依次将底色涂抹均匀。各部位要衔接自然，不能有明显的分界线。在鼻翼两侧、下眼睑、唇周围等海绵难以深入的细小部位可用手指进行调整。

2. 定妆

用粉扑将蜜粉扑在面部，但不要用粉扑在妆面上来回摩擦，这样会破坏粉底。防止粉底脱妆的关键在于鼻部、唇部及眼部周围，这些部位要小心定妆。最后用粉刷将多余的定妆粉掸掉，动作要轻，以免破坏妆面。定妆要牢固，扑粉要均匀，在易脱妆的部位可进行几遍定妆。

3. 修饰眉毛

①从眉腰处开始，顺着眉毛的生长方向，描画至眉峰处，形成上扬的弧线。

②从眉峰处开始，顺着眉毛的生长方向，斜向下画至眉梢，形成下降的弧线。

③由眉腰向眉头处进行描画。

④用眉刷刷眉，使其柔和，与各部位衔接。

4. 画眼影

在上眼睑处，用两种或两种以上的眼影色彩由内眼角向外眼角横向排列搭配晕染，可充分发挥眼睛的动感，使眼睛生动有神而具立体感，如图 3-1-1 所示。

5. 画眼线

闭上眼睛，用一只手在上眼睑处轻推，使上睫毛根充分暴露出来，用眼线笔进行描画，画下睫毛线时，向上看，由外眼角向内眼角进行描画，如图 3-1-2 所示。

6. 夹睫毛

眼睛向下看，将睫毛夹夹到睫毛根部，使睫毛夹与眼睑的弧线相吻合，夹紧睫毛 5 秒左右松开，不移动夹子的位置连做 1~2 次，使弧度固定。用睫毛夹在睫毛的中部，顺着睫毛上翘的趋势，夹 5 秒左右后松开。最后用睫毛夹在睫毛的前端再夹一次，时间为 2~3 秒，形成自然的弧度，如图 3-1-3 所示。

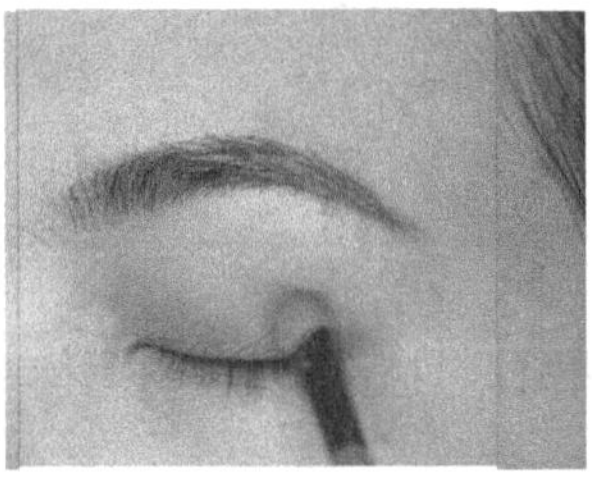
图 3-1-1

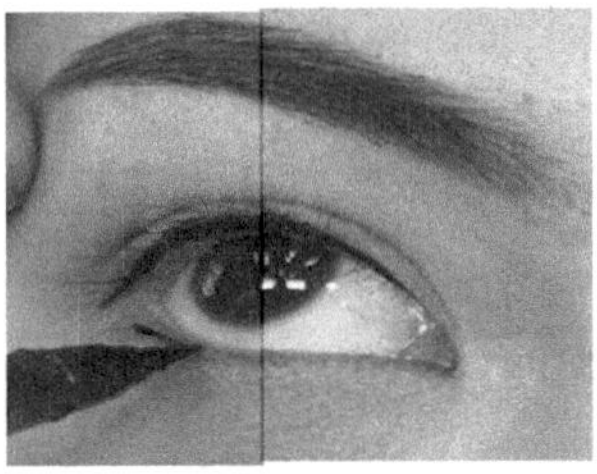
图 3-1-2

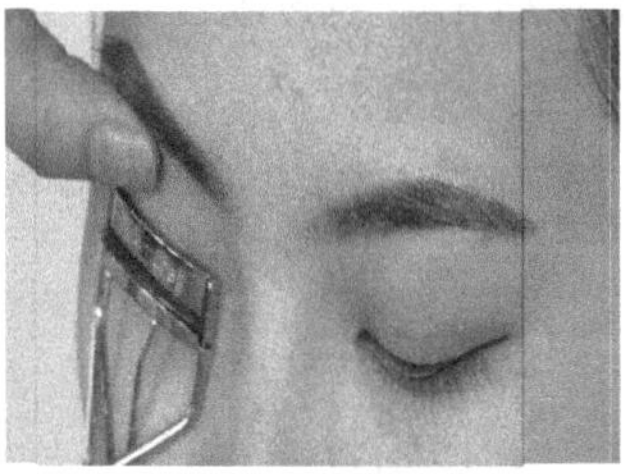
图 3-1-3

7. 刷睫毛膏

涂上睫毛时，眼睛向下看，睫毛刷由睫毛根部向外转动；涂下睫毛时，眼睛向上看，先用睫毛刷的刷头横向涂抹，再由睫毛根部由内向外转动睫毛刷，如图 3-1-4 所示。

8. 刷腮红

取适量的腮红，从颧弓下陷处开始，由发迹向内轮廓进行晕染，如图 3-1-5 所示。

9. 涂唇彩

涂唇彩时注意不要涂满整张嘴，那样看起来感觉是进餐完后忘记擦嘴。应在唇正中点上唇彩，嘴唇上下抿一下，会使唇部看上去非常饱满，如图 3-1-6 所示。

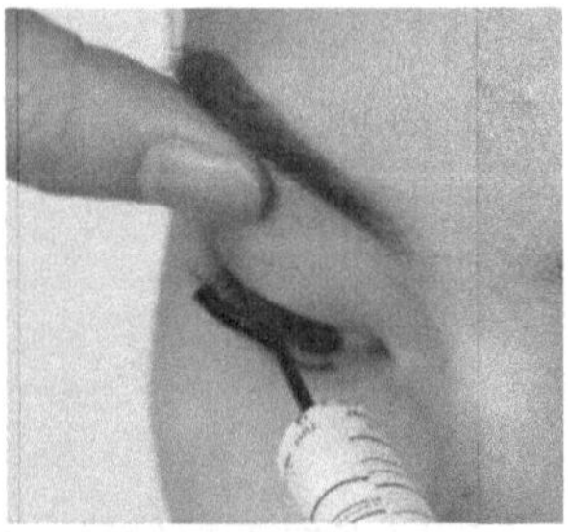
图 3-1-4

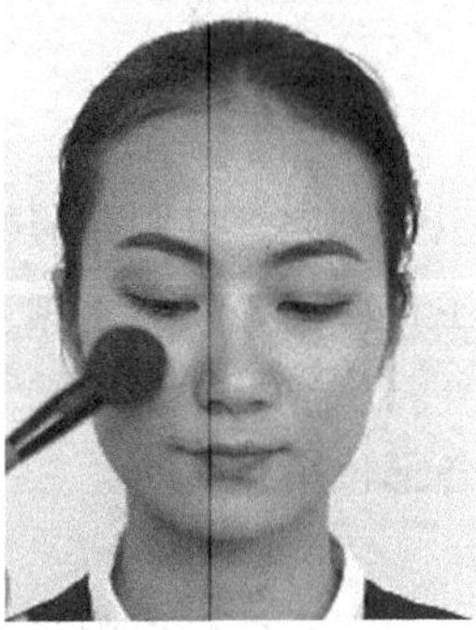
图 3-1-5

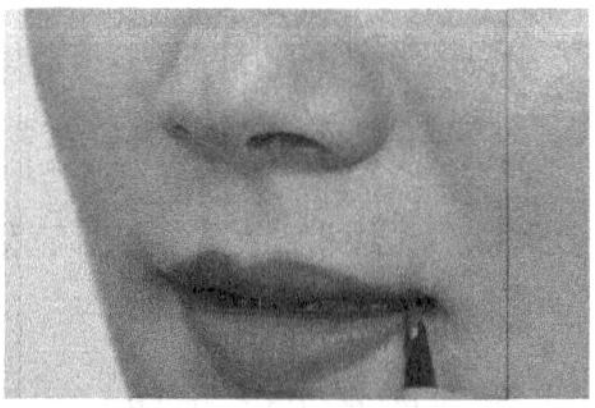
图 3-1-6

四、其他部位的修饰及男士的“洁妆”

（一）其他部位的修饰

1. 口

口部的修饰，是自尊及尊重他人的体现。其中，口部修饰最主要的是注意口腔卫生，牙齿是口腔的门面，要坚持刷牙，防止口腔产生异味。从卫生保健的角度讲，刷牙最好做到“三个三”，即每天刷牙三次，每次刷牙宜在进餐后的三分钟内进行，每次刷牙用时不少于三分钟。

与人会面前应禁食容易产生异味的食物，如葱、蒜、韭菜、酒等，也不要吸烟。如果口腔有异味，可含茶叶、嚼口香糖等以去除异味。但需注意，在他人面前嚼口香糖是不礼貌的，特别是与人交谈时，更不应嚼口香糖。

2. 四肢

（1）上肢。

手部常常露在服饰之外，被称为人的第二张脸。在待人接物中，与人打招呼、跟别人握手，给对方递名片……都需用到手作为仪容的一部分，时刻充当着友谊的使者。因而，在人际交往中有一双清洁、友善的手，能增添他人的好感。

①清洁手部。养成勤洗手的良好习惯。做好手部清洁，要自觉坚持“五必洗”，即吃东西前洗手，上过卫生间后洗手，外出归来洗手，上班前后洗手，手脏以后洗手等。

②指甲的修饰。指甲的修饰包括指甲的清洁及指甲的美化。要经常修剪指甲，指甲的长度不应超过手指指尖。养成“三日一修剪，一日一检查”的良好习惯。同时，指甲上的装饰要与环境场合相适宜。特别需注意，在任何公共场合修剪指甲，都是不文明、不雅观的。

③不外露腋毛。腋毛在视觉中不美观也不雅观。在正式场合，男士和女士应有意识地不穿暴露腋毛的服饰，如女士穿着使腋窝外现的服装，必须先剃除腋毛，以免有损整体形象。

（2）下肢。

在正式场合，男士不穿短裤，不挽起长裤的裤管，以免体毛显露。女士在穿裙装和薄型丝袜时，如腿毛显现，应先将其剃除。

（二）男士的“洁妆”

“洁妆”，是指男士在妆容上的干净整洁，即尽可能地使自己看起来整整齐齐、清爽干净，决不允许杂乱无章、邋邋遢遢，这是男士仪容中最基本的要求，也是自己给别人的第一张名片。具体而言，从以下几个方面体现：

定期理发。不管自己做的是何种发型，尽量做到定期修剪头发，以保证发型的清爽。不要忘了，“蓬头”与“垢面”从来都是被相提并论的。

经常剃须。男士通常不宜蓄留胡须，这既是为了清洁，也是对交往对象的一种尊重。

保持鼻和耳的清洁。耳鼻的污垢、耳鼻毛的外伸不仅会破坏他人对自己的印象，也是一种不尊重他人的体现。因而，在人际交往中，时常检查鼻耳毛是否“探头探脑”，及时对耳鼻进行除垢是男士重要的日常清洁工作。

遮掩腋毛及体毛。在正式场合，过于浓密的腋毛及体毛，不仅不会展现男士的“性感”，反而让他人“退避三舍”。男士在正式场合应以适当的服饰加以遮掩自己的腋毛及体毛。

▲教师举例

酒店服务人员如何修饰自己的仪容仪表？教师进行仪容仪表的展示训练及讲解训练技巧、方法。

▲现场演练

练习酒店服务人员工作日常淡妆的技巧等内容，以2人为一组进行训练，结合教师训练的方法和技巧进行对应练习。

技能训练

▲实践项目

运用本单元所学知识与技能，进行自我形象设计。

目标：

1. 培养学生的审美能力；

2. 提升个人气质。

▲实训项目

1. 局部化妆练习

准备与要求：自备化妆品；对镜给自己化妆。

提示：在老师的指导下依次进行粉底、眼部、腮红、唇部的化妆；要求化妆时扬长避短。

2. 举办一次化妆比赛

目的：

①进一步掌握化妆的技巧；

②展示自我，对美丽有更加深刻的认识。

准备与要求：

①每三人一组参加比赛，在规定时间内完成工作妆；三人中一人当模特，一人负责为模特化妆，另外一人当助手；

②化妆时注意细节的修饰及整体的协调。

拓展训练

去酒店参观，实地拍摄酒店各个岗位工作人员的工作妆，并进行点评。

能力单元二　酒店服务人员仪表礼仪

【情境与分析】

奥运会颁奖礼仪上礼仪人员的着装，是北京2008年奥运会颁奖仪式最重要的元素之一，是展示民族文化、民族时代风貌、奥运文明礼仪的重要载体。奥运会颁奖礼服的设计应该主体突出、内涵丰富。第一，在设计理念和设计风格上要突出“中国元素、民族特色、时代特征”特点，力求体现有特色、高水平的礼仪服装，增强民族自豪感和荣誉感。第二，在设计方案的艺术表现形式上要推陈出新，使之成为弘扬奥林匹克精神、传播中国文化、传达北京奥运会理念的载体，为奥林匹克运动留下宝贵的财富。第三，在设计面料上应选择力求选择 弘扬中国传统文化，整体视觉效果完美，继承和发扬中国的服饰传统和精湛的技术工艺。经过六个多月的评选，组委会最终选定了奥运会颁奖礼仪服装共有十六款，其中男装一款为升旗手制服。以下列举其中的六款进行介绍。

1. “青花瓷”系列

“青花瓷”系列的设计灵感取自世界闻名的中国青花瓷器。设地师运用中国传统乱针绣形象逼真地再现了青花瓷的晕染效果。鱼尾裙的廓形设计凸显了中国女性的柔美曲线。青花瓷系列使用在国家游泳中心水立方、顺义水上公园和青岛等所有水上项目的颁奖仪式中。

2. 宝蓝系列

宝蓝系列的采用温润典雅的宝蓝色作为礼服主色，腰间饰采用传统盘金绣制作的腰封，图案选用最具中国传统文化的吉祥纹样——江山海牙纹、牡丹花纹，凸显了鲜明的中国特色和民族风格。同时这个系列的服饰也向全世界人民展示了中国最高超的刺绣工艺。中式的立领配以西式的肩部设计尽现中国女性落落大方的高贵气质。身着宝蓝系列礼服的颁奖仪式的志愿者出现在体操、室内球类比赛和击剑等项目的颁奖现场。

3. 国槐绿系列

丝缎礼服寓意蓬勃朝气的生命和郁郁葱葱的环境，体现了与自然和谐发展的美好愿望及坚守“绿色奥运”的决心。立体银线绣制的吉祥牡丹和契合女性柔美曲线的卷曲花纹，更能显示出身段的婀娜多姿和恬静气质。在自行车、射击、现代五项等项目的颁奖仪式上东方女性使用了国槐绿系列。

4. “玉脂白”系列

“玉脂白”系列服饰巧妙地呼应了奥运奖牌金镶玉的理念，彩绣腰封和玉佩的设计，既是中国玉文化的完美再现又是对传统旗袍设计的一次创新。层次丰富的绿色与牙白色丝绸面料的质感完美搭配，更突出了中国女性内敛、含蓄的特质。“玉脂白”系列出现在国家体育场、所有的室外球类比赛以及香港马术比赛中。

5. 粉红色系列

粉红色系列的主要特点是：以传统盘金绣工艺制作的宝相花图案腰饰，分割出完美的人体比例。领部的设计突出了颈部的优美线条。粉色系列服装主要出现在拳击、举重、摔跤等力量型比赛中，以粉色的柔美来中和比赛的阳刚之气。

6. 升旗手服装

与青花瓷礼服遥相呼应的升旗手服装，在体现中国传统文化的同时又不失阳刚之气，出现在所有的奥运会和残奥会比赛场馆中。

教师点拨

奥运会是全球性盛会，礼仪服装作为一个重要的载体，彰显了华夏文明的工艺技术，同时也展示了中国元素，展示了中国多民族国家的包容性，惊艳了全世界。

仪表，通常指的是人的外表，包括人的服饰、容貌、姿态、举止和风度等方面。在这里我们着重介绍服饰。仪表反映一个人的精神面貌，也能反映一个人的修养、审美情绪、文化水平和文明程度。仪表堂堂是众人所羡慕和追求的，却并不是人人都能够做到的。出众的仪表离不开后天的打扮和修饰，出众的仪表也离不开服饰的装饰。服饰的选择应该根据时间、地点、场合的变化而改变，掌握的着装的基本原则才能做到仪表堂堂。

一、着装的原则

1. 时间原则

着装会随着时间的变化而变化。一天 24 小时的变化、季节的变换以及年龄的变化，着装都会相应变化在不同的时间点里，人们随着时间的改变更换服装，如一天中在家中、在休息时、在工作中、在舞会上、在运动场上，不同场合下着装都会有所改变。季节的变化使得人们更换不同的着装以适应天气的变化，或短袖或棉袄等。一个人从呱呱坠地开始就不断地更衣，以适应人体生长的需要。少年着装应彰显活泼可爱的形象；青年着装应展示其青春活力的风采；中年力求突出成熟稳重优雅的个性；老年则适宜高雅深沉理性的睿智。

2. 地点原则

地点原则要求地方、场所、位置不同，着装和环境的变化相协调、相统一，才能获得视觉上的美感和心理的舒适感。例如，在一个高端的酒会会场里，身穿牛仔衣裤，就容易给人一种“闲杂人等”的感觉；身着笔挺的西装，下身却穿着运动短裤或者运动鞋会给人一种不会搭配的感觉。服饰应得体，适应地点的变化而变化，不能太标新立异、太个性化。

3. 场合原则

不同的场合有不同的服务要求，在正式场合有穿着的规范和要求。在我国，正式场合中可以穿中山装套装、西服套装、旗袍等礼服出入正式场合，而不宜穿着休闲装、夹克、皮衣皮裤等。

酒店服务人员得体的仪表，合适的服装可以反映出个人的地位、品位、文化水平等各个方面的素养，也代表了酒店的形象、管理水平和服务水准。在工作岗位中，酒店服务人员必须按酒店的要求着装上岗。

4. 整洁原则

整洁原则就是指服装干净整齐，这是服饰打扮的最基本的原则。身着整洁服饰的人给人积极向上的感觉，也给人舒适感，体现出了对对方的尊重和重视。整洁并不要求服装一定是高档的服装，只要全身整齐得体即可。一个衣服沾着油质或者穿着有破洞的新潮服装是不适合在工作中出现的，特别是酒店服务人员，在工作中要着酒店制服，并保持整洁美观大方。

5. 和谐原则

和谐原则是指协调得体的意思，选择服装是要和自己的年龄、肤色、体型、职业相协调，表现出和谐的感觉，给人以美感。忌穿过于肥大、过于紧致、过于暴露、过于薄透的服装。根据自己的个性特点，用心选择适合自己的服饰，塑造出自己的魅力和神韵。酒店服务工作人员身着酒店服饰代表了企业文化和形象，不需要在制服上随意添加装饰品。

6. 色彩搭配原则

服饰的美是款式、色彩、材质美的统一，形、质、色三者相互衬托、相互依存。色彩美是给人们第一印象最直接的体现，色彩给人的最敏感的视觉体验。服饰色彩搭配应遵循美学常识，服装与饰品的色彩搭配应色调和谐，层次分明，服装在饰品的衬托下更加体现服饰的和谐与美感。

服饰色彩的搭配一般有以下几种方法：

（1）同色搭配法，即由色彩相近或相同，明亮度层次变化的色彩搭配在一起形成统一和谐的效果。例如，深蓝配浅蓝、深紫配浅紫色等。在同色搭配中也可以使用上深下浅、下深上浅、明暗不同进行搭配。

（2）相似色搭配法，即色彩在色环上相邻近的色彩即是相近色，如橙色配黄色、白色和灰色相配。相似色搭配时，两个色的明度和纯度要错开。

（3）主辅色搭配法，即选择一种起主导作用的颜色作为主色调，相配于其他各种颜色，塑造出相互衬托、主次分明、相得益彰的服饰美感。采用这样的配色方法需要特别注意，色彩不能过于复杂、凌乱，一般不超过三种颜色为好。

二、酒店服务人员着装礼仪

酒店服务人员着装礼仪要求整洁挺括、典雅大方、美观。酒店服务人员代表酒店的形象，体现了酒店服务工作人员的精神风貌，展示了个人的魅力与自信，干净整洁的服装礼仪是对宾客的尊重，彰显了酒店的管理水平和卫生状况。

1. 制服

随着社会经济的发展，酒店的形象系统愈来愈受到管理者们的重视，制服作为酒店形象中重要的识别因素，能够传达酒店的各种信息，比如经济实力、经营状况、精神风貌、管理水平、卫生习惯等，直接影响酒店的综合实力。酒店服务人员工作制服是指酒店为员工定做的服装，突出了酒店形象和企业文化的个性化特点。酒店根据工作性质、岗位分工的不同、年龄结构、职业特征的不同、身份地位的不同，定制与穿着者的工作环境及工作职能相适应的制服。酒店服务人员在工作中要穿制服，制服是帮助顾客识别相关服务人员的标志。

2. 工号牌

对于酒店服务人员来说，身穿制服时应该佩戴好工号牌，工号牌上有工作人员姓名、职务、部门等相关信息，是酒店各个部门的标志。工号牌体现了对宾客的尊重，使其易于辨识各个部门，以便取得相应的服务。酒店员工佩戴工号牌上岗，是对自己职业的肯定，并能增强自己的责任感和自豪感。工号牌应该佩戴在左胸上方，上岗之前自行佩戴好，保持干净整洁，不歪斜。损坏或者岗位有变化时，应及时更换。

3. 鞋袜穿着要求

鞋子、袜子是酒店服务人员制服服饰的重要组成部分，需按照要求规范穿着。皮鞋应保持干净、光亮，破损的鞋子应该及时更换。与皮鞋相匹配的是袜子，通常来说，男士的袜子一般选择黑色或深色为主，不宜穿花色袜子或者与鞋子颜色反差较大的浅色袜子。比如，白色是不能和黑色鞋子相配的。女士的袜子应该穿着与肤色相近的丝袜为主，不可穿着花色袜子或者非常时髦的彩色袜子；丝袜应保持完整无缺，无抽丝或者破损等现象。

4. 制服要保持挺阔、美观平整

酒店的制服代表着酒店的风貌和品位，每一个酒店都有自己个性化的制服，酒店制服的美观整洁显示了酒店从业人员的精神面貌。

首先，酒店员工需选择合适自己尺寸的制服，选择时需注意四个长度适中：衣袖至手腕长，衣长至虎口，裤长到脚面，裙长到膝盖。另外，还需注意大小松紧合适，衣服领围以插入一个手指大小为宜，上衣的胸围、腰围及臀围以可穿一套内衣裤的松紧为宜。合身的制服才能保持平整、挺阔、美观，线条自然流畅。

其次，制服应穿着规范。在工作中，都不能在公众面前将上衣脱下或者敞开，不能将内衣外露，不能卷起袖子，裤筒不能挽起，不掉扣，亦不漏扣，不出现明显的破损。领结、领带、丝巾要与衬衫领口吻合。要戴好相应工作岗位的帽子及手套。

最后，制服要整洁美观大方。制服要熨烫平整，不起皱，穿后要挂起。特别注意领子和袖口上的干净卫生。做到制服无污垢、无异味、无油渍。员工不能根据自己的喜好改变制服的款式，或者私自增减饰品等，应按照酒店规定进行着装。制服的款式应大方利落，线条流畅自然，便于酒店员工开展服务工作。

三、男士西装着装礼仪

简洁大方又不失正统的西装是一种国际性服装，精神焕发、彬彬有礼、优雅庄重是身着西装的人带给他人最初、最深刻的印象。因此，在越来越多的正式场合，西装也是众多商务人士、公务场合、在众多行业中首选的服饰之一，也是当今国际上最标准、最通用的礼服之一。

1. 西装面料质地及颜色

选购西服时，面料应选择天然面料如纯羊毛面料、蚕丝、羊绒或者羊毛混纺面料为主，羊毛含量高的面料质地细腻、柔软、垂感好，显得高档。正式西装的颜色为单色、深色两种。藏蓝色、深灰色及浅灰色是正式场合中常见的颜色。黑色西装一般是礼服，适合在婚礼、舞会或者葬礼等场合。常见的条纹西装或者带格子的西装常常是人们在选择西装时的首选，白色等浅颜色的西服在休闲场合中往往毫无违和感。

2. 西装款式

按西装的款式可以分为两件套（上装、下装）、三件套（上装、下装、西装背心）和单件西装。

按西装的扣子分可以分为单排扣西装和双排扣西装。

按照西装的穿着场合分为正式场合西装及休闲场合西装。

3. 西装的扣子

这里主要介绍单排扣西装。单排扣西装又分为 1 粒和西装 2 粒西装和 3 粒扣西装 1 粒扣，扣和不扣都无关紧要，但是在正式场合应当扣上；2 粒扣，按照扣上不扣下的原则，应扣上面的一粒，底下一粒为样扣，不用扣；3 粒扣，可以只系中间一粒扣，也可以只系上面两粒扣。

4. 西装的背心

三件套西装的背心一般只能和单排扣西服相配，西装背心的扣子一般有 5 粒扣和 6 粒扣之分。5 粒扣的西装背心，扣子全部扣上；6 粒扣的西装背心，最底下的扣子为样扣，不用系。

5. 西装的衬衫

西装的配套衬衫应该是正装衬衫，挺括、整洁、无褶皱、衣领不起泡是衬衫的重要特点。衬衫的质地主要以纯棉、纯毛制品为主。正装衬衫的颜色以单一颜色为宜，特别庄重的场合宜首选白色，蓝色、灰色、棕色、黑色亦可考虑，正装衬衫以无图案为最佳选择。

正装衬衫的衣领一般分为方领、短领及长领等。衬衫的质地有软质和硬质之分，穿西装要配硬质衬衫。尤其衬衫的领头要硬实挺括，干净、不能油迹斑斑。选择衬衫时，衬衫的领围可以伸入一个手指为宜，太紧会卡脖子，太松则显得没有精神。穿西装时，衬衫袖口应比西装袖长出 1~2 厘米，以放下手臂时刚好看不见为准；衬衫领应高出西装领 1 厘米左右，以保护西装衣领，增加美感，显得更干净、洒脱。穿长袖衬衫时，应把衬衫的下摆均匀地扎进西裤之内，袖口扣好，不可卷起。不系领带时，可以敞开衬衫领口扣子。

6. 西装与领带

领带是西装的灵魂，也是男士在正式场合必备的服装配件之一，在西装的穿着中起到画龙点睛的作用。在正式场合，穿着西装套装一定要佩戴领带。领带的质地，以丝、毛、化纤等为主要面料。领带的颜色根据西装的颜色进行搭配，以蓝色、灰色、咖啡色或紫色等单色为佳；图案选择应坚持庄重、典雅、保守的原则，以小花型、条纹花型、点子花型、图案花型等图形为佳，与西装搭配达到相映生辉的效果。领带系好后，两端自然下垂，宽的一片应略长于窄的一片，领带下端长度应在皮带扣上下端之间，领带的位置处于西装上衣与衬衫之间。在正式的场合不能选择简易式（如“一拉得”）领带。

领带的系法颇有讲究，领带最重要的是部位是领结，不同的系法得到不同大小形状的领结，在外观形状上呈倒三角形，领带结的大小根据衬衫领子的大小呈正比例关系，领子角度小的衬衫宜选用小巧结的扎法，而领子角度大则与大领结完美搭配。总的来说，领带的系法多种多样，常见的有平结、温莎结、交叉结、双环结、浪漫结、十字结（半温沙结）等。

（1）平结。

平结是男士最常用的领结打法之一，是领带结的古典形式，适合在各种场合中使用，适合搭配所有类型的衬衫领子。领带打好后，领带下方形成的“酒窝”，需让两面均匀且对称。平结的系法如图 3-2-1 所示。

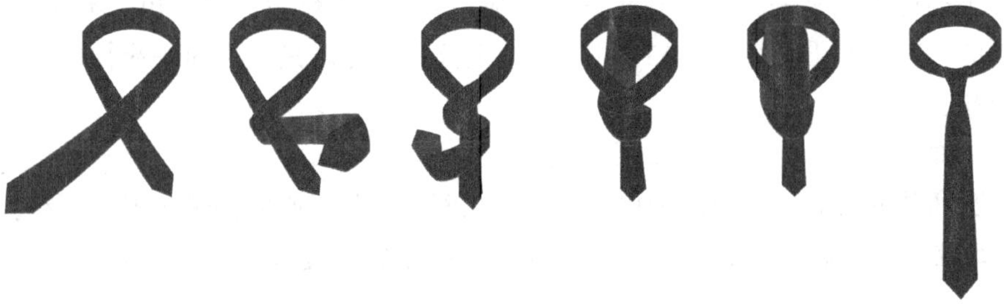

图 3-2-1

（2）温莎结。

温莎结是最复杂、最难系的领结之一，比较适合质地轻薄的丝质领带，因其复杂烦琐的步骤会使让宽厚的领带显得粗壮且厚重，因此适合宽领型衬衫。如需出席正式的商务或正式场合，温莎结是最好的选择，其典型的英式风格、饱满的造型显得大气、时尚又庄重。温莎结的系法如图 3-2-2 所示。

图 3-2-2

（3）交叉结。

交叉结适合时尚流行的男士，对于单色素雅且薄的领带来说简单实用，成品非常漂亮但系起来难度极高。交叉结的系法如图 3-2-3 所示。

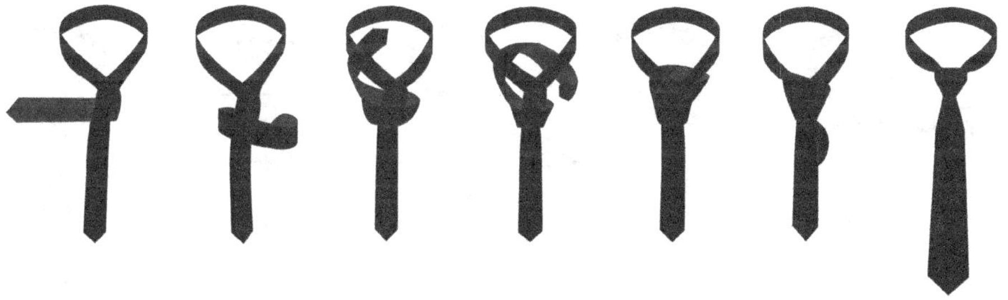

图 3-2-3

（4）双环结。

双环结相对于平结来说，质地轻薄、稍微细的领带会更加紧凑更时尚，非常适合年轻或者个子矮小的男士使用。双环结的系法如图 3-2-4 所示。

图 3-2-4

（5）浪漫结。

浪漫结是一种完美的领结，适合各种浪漫系列的领口和衬衫，领结的线条非常完美，给人干脆利落的感觉。浪漫结可以自由调整长度，窄边也可将它往左右移动使其小部分出现于宽边领带旁。浪漫结的系法如图 3-2-5 所示。

图 3-2-5

（6）十字结（半温莎结）。

十字结是一种较为复杂的结型，结型十分优雅庄重，相对于温莎结来说步骤相对简单。质地轻薄、细款领带较容易上手。十字结（半温莎结）的系法如图 3-2-6 所示。

图 3-2-6

7. 西装与鞋袜

西装的完美搭档是皮鞋。皮鞋的颜色宜选择单色且为深色，众多色彩中，黑色是完美的颜色，它可以搭配任何一种深颜色的西装。皮鞋的款式庄重、正统，皮鞋要保持干净、无破损、勤换洗、合脚。

袜子的颜色选择应该以深色为主，一般首选与西裤、皮鞋颜色相同或者较深的袜子，黑色、深蓝色或者藏青色是首选。绝对不能选择穿花袜子或者白色袜子。穿西装时，袜口不宜外露，袜子应干净、整洁、完整、无异味。

四、女士着装礼仪

女士作为社会生活中的主力军，不管在商务场合、还是社交场面、正式场合、非正式场合都扮演着越来越重要的角色，起到非常重要的作用。女士的西服套裙是女士标准的正装着装，可以塑造出女性高雅气质、婀娜多姿的独特魅力。女士的西服套裙讲究平整、挺括、典雅大方。

1. 面料考究

女士套裙选择以天然质地如丝质、混合丝质纤维面料等，上衣、裙子及背心等应选择同一种面料，天然的面料能体现出服装匀称、轻薄柔软、有垂感、平整、有弹性、不起球、不起皱的良好品质。

2. 色彩庄重

套裙色彩以单色及冷色调为佳，衬衫的颜色与套裙的色彩相互匹配。搭配时要有层次感，套裙的颜色最好不超过三种。不宜选用各种流行色及撞色的风格。无图案或者格子、圆点、条纹，不宜有过多的点缀和装饰，体现出着装者典雅、端庄、稳重的印象。

3. 衬衫

女士套裙与衬衫的搭配非常重要，面料要求顺滑、轻薄而柔软，面料应选择天然的真丝、麻纱、纯棉为主。可以选用各种颜色的衬衫，但最好不要过于鲜艳，应和套裙的颜色相互协调，深浅相互匹配，一般还是以单色为最佳首选。

4. 内衣

女士的套裙体现女性的线条美，与套裙需搭配的内衣要合身、身体线条流畅大方，穿得合适又得体，特别要注意但是内衣颜色不能外泄。

5. 袜子

女士套裙应与长筒丝袜或连体裤袜搭配，颜色以肉色、黑色为最佳，肉色长筒丝袜配长裙最为得体，女子袜子大小相宜，无破损、无抽丝。女士不可在公众场合整理长筒丝袜，袜口不能外露于裙摆边上；不能穿带图案、颜色鲜艳、有明显花纹或者网格的丝袜。如果女士穿西装裤子，切记不能光脚穿鞋，应穿合适的丝袜进行搭配。一位优雅、端正、细致的女士应随身携带一双备用丝袜，以防袜子拉丝。

6. 鞋

传统的黑色皮鞋是女士套裙最理想的搭档，穿着舒适、美观大方。在酒店服务行业中，一般皮鞋为中跟鞋，鞋跟高度为 3~4 厘米。在正式庄重的场合不宜穿凉鞋、后跟用带系住的女鞋和露脚趾的鞋。鞋的颜色应当和服装的颜色一致或者深一些。

7. 配饰

女士套裙配饰主要有提包、首饰、丝巾等。女士所用的提包需要质地好、款式庄重大方，颜色与服装匹配协调即可。在正式场合中，单调的西装套裙配上一款大方的丝巾确实让人神采奕奕。丝巾应选择庄重大方、质地良好的天然面料为主，颜色选择兼顾个人爱好、主题风格和流行时尚，最好选择典雅、庄重的图案为宜，不宜追求时尚另类的图案，让人感觉轻浮与不严肃。女士佩戴的首饰包括耳环、项链、戒指、手镯、手链、胸针、脚链等，佩戴的饰品应以少为佳，同质同色、风格统一，全身上下最好不超过三件首饰。

以下为女士丝巾的常用系法，分为平结、玫瑰结、蝴蝶结、花冠结、百褶花朵结五种：

（1）平结。

将丝巾挂在脖子上，两端在胸前交叉，放在上面的一端拉长，然后将长的一端从短的一端的下面向上穿过去，系成一个结。将从下面穿穿出来的长的一端绕过较短的一端再系一个结。整理领结和丝巾两端的形状，将领结移到自己喜欢的位置。平结的式样如图 3-2-7所示。

图 3-2-7　平结

（2）玫瑰结。

玫瑰花形丝巾系法如下所述：步骤一，拎起丝巾的两个对角打结，注意因为丝巾很滑，因此打结的时候要控制好力道，固定好；步骤二，拎起另外两个对角；步骤三，从刚才打好的结子下面交叉穿过；步骤四，穿越过来，拉一下，整理好花型。一朵典雅的玫瑰花型丝巾就诞生了。玫瑰结的式样如图 3-2-8 所示。

图 3-2-8　玫瑰结

（3）蝴蝶结。

将正方形的丝巾对折，再对折，直到折成 2~3 指宽的宽带，绕到脖子上，毛边朝下；借助小的橡皮筋，把丝巾两端折成蝴蝶结的形状，将蝴蝶结打结的部分用橡皮筋固定住，绑成一个好看的蝴蝶结；将蝴蝶翅膀部分的丝巾，在内里折住的部分打开出来，形成变身花朵的形状，最后再将丝巾底部两端折皱的部分，打开变成花朵的形状。美丽的蝴蝶结丝巾就完成了。蝴蝶结的式样如 3-2-9 所示。

图 3-2-9　蝴蝶结

（4）花冠结。

将丝巾对折，然后折成百褶状，绕在脖子上，用精美的丝巾扣穿过丝巾的两端，扣好，把折成百褶的丝巾底部开展成美丽的花型即可。花冠结的式样如图 3-2-10 所示。

图 3-2-10　花冠结

（5）百褶花朵结。

百褶花朵结系法的步骤：

第一步，将丝巾的两个对角的顶点对折到中线顶头，再对折，然后向反面后翻折，折成手掌宽的长条形；

第二步，从长条形的 1/3 处开始用手指折成皱褶，折到另外一端的 1/3 处；

第三步，捏住中点，用橡皮筋把百褶花绑起来。把剩余的两端丝巾长条打一个结固定拉紧。

第四步，把百褶花苞打开。然后把丝巾戴在脖子上，把花苞放在侧边。另外丝巾的两端可以打一个死结，将多余的边角塞进丝巾里面，整理成型即可。百褶花朵结的式样如图 3-2-11 所示。

图 3-2-11　百褶花朵结

8. 女士着装注意事项

（1）颜色忌过于鲜艳、过于杂乱。

女士套裙颜色切忌过于鲜艳、色彩复杂。服装的图案过于标新立异、过于追求个性化，都是不适合的。杂乱的颜色给人以不庄重、不严肃的印象。

（2）忌过于暴露或者透明。

穿着袒胸露背、露脐露肩等过于性感的服装尽量不要出现在商务场合。薄纱类的服装，其透光性较强，穿着时应尤为注意。在正式的商务交往中着装过分暴露，显得不尊重别人，也是十分不雅的。

（3）忌穿黑色皮裙。

在国外，只有街头女郎才会穿黑色皮裙。与外国人打交道，尤其是出访欧美国家时，应避免穿黑色皮裙。在国内的正式场合，也不提倡穿着皮裙。

（4）裙装忌过于短小。

人常说裙短则不雅，裙长则无神，因此，女士套裙应该遵循上衣不宜过长，下裙不宜过短的原则。尤其是职业女性，裙子应长及膝盖以下 3 厘米左右，必要时应该穿衬裙。

（5）套裙选择忌过于狭窄和紧身。

女士套裙展现女性的身体曲线美，但是过于狭窄或者紧身的服装会给人不稳重的感觉，内衣不能外露，裙子裤子不应明显地透出内裤的轮廓，内衣的肩带更是不能露在衣服外面。

（6）忌搭配不当。

女士正装、礼服等不能和休闲装及运动装搭配在一起，这样穿着让人感觉不伦不类。女士套裙服装款式应相同、质地相同、搭配协调。

▲教师举例

作为一名酒店专业的学生，酒店服务人员注重自身的仪表礼仪有哪些重要意义？

▲现场演练

学生练习化淡妆中，穿着适合自身角色的服饰进行模拟场景练习，如在正式的酒店接待场景中，或者在商务谈判的具体场合中进行礼仪小品演出。

要求：以学习小组为单位进行练习，并进行展示。

▲技能训练

▲实践项目

运用本单元所学知识与技能，进行自我形象设计，通过观察自己的容貌、身材特点，选择适合自己的妆容、服饰，并建立自己的色彩哲学，提高个人的修养与审美。

目标：

1. 培养审美能力，运功色彩美学等原理，穿出自己的个性、品位和美感。

2. 提高个人对服饰色彩运用的能力，并学习在工作的各个场景中选择适合自身的服饰。

▲实训项目：领带、丝巾等的系法练习

1. 准备与要求：自备领带、丝巾等物品。

2. 提示：在老师的指导下，练习各种领带打法、丝巾的系法。

拓展训练

案例分析

杯子上的唇膏印

一天晚上，酒店餐厅来了一位宾客，宾客说很热要喝冰水。服务员小安把菜单递给宾客后就去打冰块了，等小安回来准备给宾客倒水时，发现宾客正在研究水杯。只见他把手中的水杯边转动边仔细地看，然后又举起水杯对着灯光照来照去。

小安连忙走上前问道："对不起，先生，打扰一下，是不是水杯有什么问题？"宾客举着杯子说："你看，这上面是什么？我怎么看着像一个唇膏印呢？如果真是的话，那就太可怕了，你们的卫生就这样呀！那谁还敢在你们这儿吃饭呀？"小安接过水杯一看，杯子上确实有一个印迹。他没有跟宾客争辩，马上说道："您要是嫌这个杯子不干净，我马上给您换一个干净的水杯。"宾客一听有些不高兴了："什么叫我嫌杯子不干净，是你们本来就没洗干净。"小安马上意识到自己刚才的说法不妥当，赶紧解释道："对不起，这个杯子确实不符合卫生要求，这是我们工作的失误。我马上为您把整套餐具更换一下。"宾客点头应允。小安马上拿来一套新的餐具为宾客换上，同时再次向宾客道歉："对不起，是我们的工作失误给您带来了不愉快，请您原谅！感谢您给我们提出宝贵的意见。"听到他这一番话，宾客的脸色多云转晴，小安也悄悄地舒了一口气。

思考：干净卫生是宾客到餐厅就餐的基本要求，因为餐厅的卫生直接关系到宾客的健康，同时也会影响到宾客对餐厅的信任。在此案例中当宾客对不干净的水杯提出质疑时，服务员没有与宾客当场争辩，这种做法值得肯定，但"如果您嫌杯子不干净"的说法引起了宾客的不满，因为这种说法容易让宾客产生误解，感觉好像自己是在被服务员指责过于挑剔。所幸的是，小安马上意识到了自己的错误，及时道歉，并马上给宾客更换全部餐具来表示服务的诚意，获得了宾客的谅解。

模块四　酒店服务人员语言塑造

无论哪一种工作形式，也无论是哪一个领域的沟通，语言作为一种最基本的媒介形式，在很大程度上关系到交际行为的成败。同时，语言交际是身份建构的社会过程，也是展现身份的途径和手段。语言和身份之间存在密切关系，语言反映出说话人的身份，是塑造身份的重要元素。因此，酒店服务从业人员的语言能力显得特别重要。一个优秀的酒店服务从业人员，应该把语言的功效发挥到极致，即把语言作为艺术形式来运用，才能提供高质量的服务工作。

意外加惊喜的出彩服务

小王是前台服务员，对工作非常积极努力，勤勤恳恳、兢兢业业的态度得到了同事们及顾客的认可和好评。部门经理对她委以重任，担任了前台经理，还兼任了公共关系经理的角色。2020 年 12 月 24 日，李小姐来前台办理入住手续，小王作为前台经理对李小姐进行热情的接待并祝李小姐圣诞快乐。小王在跟李小姐聊天的过程中，了解到李小姐第一次来到这个陌生的城市出差且第一次入住酒店。小王更加耐心地询问李小姐是否用过晚餐，李小姐告知小王，自己刚下飞机就直接来酒店，尚未用过晚餐。小王便邀请李小姐参加酒店宴会厅的平安夜晚宴自助餐活动及表演活动。李小姐在小王的带领下参加了晚宴活动。小王给李小姐详细介绍了圣诞晚宴及晚宴的各项安排活动，由于担心李小姐自己一个人会有些孤单，小王便将餐厅主管介绍给李小姐认识，并让餐厅的同事照顾好李小姐。李小姐用完餐后，小王特意询问了李小姐今晚的用餐是否愉快，并与餐厅同事一起向李小姐赠送了圣诞礼物。李小姐非常感动并感谢小王及同事为她所提供的出彩服务，李小姐给小王的服务打上了非常满意加令人惊喜的 100 分，并表示以后出差到这个城市住宿一定还是这个酒店。

【学习目标】

★知识点

1. 掌握酒店服务人员基本服务语言规范及要求；
2. 掌握语言表达技巧。

★技能点

1. 初步培养应对宾客特殊要求的语言沟通能力；
2. 提升个人语言运用能力。

能力单元一　岗位礼貌用语

【情境与分析】

礼仪情景

在酒店行业，会遇到来自五湖四海的宾客。我们的祖国是一个拥有56个民族的大家庭，有许多方言和民族语言。小王刚出社会的第一份工作是在上海的酒店当餐厅服务员。小王是广东人，普通话说得不好，这一点让小王感到对上海这个大都市非常难以适应。有一天，小王接待了一位少数民族的老奶奶，老奶奶年近70，说话带有非常浓重的地方口音。小王问老奶奶需要点什么菜品，老奶奶说了需要的菜品，但小王始终听不懂老奶奶说的是什么。小王只能请餐厅同事帮忙，无奈，餐厅同事也无法听明白老奶奶的话。最后餐厅经理出面才解决了这个问题。老奶奶满意地用完餐，对于餐厅的服务非常肯定，并当场表扬了餐厅的服务。而经过这一个小小的服务案例，小王忽然感觉到服务不仅限于在学校所学的知识。语言是一门特别的艺术，社会是一个浩瀚的书海，而社会中的人，都需要努力地学习，补充自己的短板，提升自己的各方面的能力，才能在工作上游刃有余。

分析与解决

1. 你认为是什么原因导致了小王与老奶奶之间的沟通障碍?

2. 酒店服务员该如何通过运用服务语言提高沟通效果?

★课前要进行预分析；课上就其中的一两个问题进行5分钟的讨论，并进行练习。

教师点拨

解决这类问题需要掌握以下知识和技能：

1. 了解酒店服务员的服务语言规范和要求；

2. 掌握提高语言服务能力的技巧。

俗话说“好言一语暖三冬，恶语伤人六月寒”，可见语言使用是否得当，是否合乎礼仪，会产生迥然不同的效果。要掌握语言技巧，尤其是口语的表达能力，必须以语言的“礼”吸引人，以语言的“美”说服人。成功、有效的语言，能使交流双方达成心理认同，给对方带来满足或愉悦，达到心理相悦、心灵相近的目的。

一、服务语言规范

酒店服务语言，是指在酒店行业服务过程中，酒店工作人员借助一定的语言、语音、语调，代表自己或酒店与顾客进行交流的一种比较规范的、能体现文明程度的灵活的口头用语。酒店服务用语是服务员在服务过程中的基本沟通工具，酒店服务用语必须讲究语言的艺术，其关系到酒店的服务质量、也是酒店赢得客源的最重要的因素。关于服务满意度的调查数据显示，在服务过程中，语言运用得体，语气柔和、清晰悦耳，会让顾客感受到愉快、亲切，对服务人员产生良好的印象；反之，服务语言的生硬、刺耳、不愉快，会让顾客产生排斥、印象差的体验。为了更好地服务宾客，酒店服务质量从个性化服务，就应该从提升自己酒店服务语言与沟通技巧开始。

（一）服务语言要亲切、热情，做到“言之有情”

语言是一门口头表达的艺术，更是心灵沟通的桥梁。表达主要分为沟通和倾听两大方面。服务人员在接待宾客的过程中，说话要亲切、热情、和蔼、大方。语言实现了服务与被服务两者之前情感上的沟通和交流，达到双方轻松自然的温馨与舒适。酒店服务人员与宾客交谈中的情感流露，不仅取决于服务者个人的情绪，更取决于其服务意识与工作责任心，激发宾客对自己服务以赞赏的态度，最终实现优质服务。例如，酒店服务人员迎送宾客或者与宾客碰面时，都应该主动热情地向宾客问候，给宾客留下好的第一印象。

酒店服务语言情感的表达是通过服务人员情感和态度表露出来的。服务人员的语言要真诚甜美，必须以真诚的语言沟通，切不可以根据个人情绪变化而失态。语言语调要平和，委婉动听，给宾客留下温文尔雅的服务语言形象。酒店服务人员接触的宾客非常多，因此服务人员的语言表达应更加注重掌握语速，一般应因人而异，过快过慢都不行，要快慢适中、适应对方速度，尽可能娓娓道来，给宾客留下良好的印象。服务人员提高语句运用能力的前提条件就是进行语言沟通的练习，加强语言表达的能力和组织语言的能力。

（二）服务语言要规范、标准，做到“言之有据”

酒店服务语言要注意规范性，所谓规范，就是要符合普通话的标准。读音准确，吐字清晰是酒店服务规范用语的基本要求，语气则是服务语言表达的重要纽带，语气得当，可以充分表达服务人员对宾客的真实情感，会使宾客倍感亲切。另外，服务语言的规范还表现在表达语言的通俗易懂上，不要拐弯抹角和咬文嚼字，忌用方言俚语、行话、专业术语，或者书面语言等。

酒店服务语言还要做到逻辑清晰、条理清楚。要根据不同的服务对象使用不同的说话方式；明确说话的主题和目的；说话时机的选择和谈话的方式，针对不同的地点而形成不同的语言环境，也会产生不同的沟通效果。例如，在餐厅订餐的语言和在前台入住的语言是不一样的。跟宾客交流的短暂时间里，必须要抓住重点进行清晰的表达，这是一个谈话思路和语言的组织的能力问题，是贯穿于与宾客谈话的整个过程。酒店服务语言的表达一定要亲切、自然、准确、逻辑清晰，这是酒店行业对服务语言的特殊要求。

（三）服务语言要有针对性，要做到“言之有物”

酒店服务人员跟宾客沟通交流时，实际的效果往往不取决于自己如何使用语言，而是取决于自己所使用的语言是否能被宾客理解和接受。因此，应充分注意到宾客的国籍、年龄、性别、民族等身份特征。例如，对于伊斯兰教的宾客就不能提及猪肉；对于欧美国家不能提及数字“13”等常识性的知识。对于不同心理、性格、文化素养、风俗习惯等的宾客，服务人员应该能够游刃有余地使用不同的服务语言。

（四）服务语言要热心、诚恳，要做到“言之有度”

服务语言应做到有分寸。语言上的热心和诚恳，是服务人员向宾客传递的语言信息真实可靠，不说假话和夸大的话，特别涉及宾客的切身利益，要做到准确无误又要做到热心诚恳，热心诚恳就是要诚实有礼貌，说话做事多从宾客利益角度出发，表现出自己确实是真心实意为宾客着想的，让宾客心悦诚服地接受服务人员发出的语言信息。要恰如其分地传情达意才能有利于自己的服务工作。

（五）服务语言是一种礼貌性语言，要做到“言之有礼”

言谈举止要有礼貌。礼貌是人们在社会交往中相互尊重、相互理解、相互体谅的具体表现。礼貌语言是人类文明进步的标志，是社会组织、团体、个人表达的最基本的准则。酒店服务语言的礼貌性原则指的是酒店服务人员说话要注意尊重宾客，讲究文明礼貌。酒店服务语言体现礼貌性，服务人员礼貌用语体现对宾客的尊重，也可以体现出服务人员的善良、和蔼、大度、文雅，能满足宾客被尊重和心理舒适的需要，做到“恭而有礼”。礼貌语言非常丰富，运用也非常灵活，如敬重他们用：“先生，您好！欢迎光临”“谢谢”“多包涵”“请您稍后”“请您放心”。此外，礼貌用语还应根据宾客的不同国籍、不同地区、不同民族、不同文化水平、不同职业等，进行灵活运用。酒店服务行业一定要讲究“礼”字当先，要彬彬有礼，保持好自己的良好的服务素养。

二、岗位礼貌用语

（一）酒店服务用语基本要求

1. 谈吐文雅

基本的礼节礼貌是酒店服务人员对宾客表示尊重和友好的行为规范。在酒店更要注重礼貌用语，要做到“请”字当头，“谢”字不离口。

2. 语气亲切

酒店服务员与宾客交谈时，要精神饱满、彬彬有礼、语调适中，讲好普通话，运用各种礼貌语言。

3. 回答简明

酒店服务员要能够从与顾客的简单交流中迅速掌握有效信息，通过顾客的回应，及时掌握宾客的需要和期望，从而改进及提高服务质量。

4. 记住宾客的名字

记熟宾客的名字代表对宾客的特别照料和关心，也是对顾客个人的尊重，因为人们永远觉得自己的名字是最悦耳的。

5. 说话方式委婉、热情

语言不能太直接，或者表情生硬呆板。若是表达解释、说明的话，更要显示出应有的热情，争取以良好的说话方式赢得宾客的理解和赞同。

（二）酒店服务规范用语

1. 酒店服务“六声”

客来有迎声；客问有答声；顾客帮忙有谢声；服务不周有歉声；顾客离店有送声。

2. 酒店服务“四语”

（1）称谓语：亲切清楚。

如：小姐、先生、夫人、太太、女士、大姐、大哥、同志、师傅、经理等。

（2）问候语：微笑和蔼大方。

如：早上好、中午好、晚上好、新年好、元旦好、春节好等。

（3）征询语：热情有礼，认真负责。

如：“先生，现在可以为您上菜了吗？”

“女士，还有什么可以帮到您？”

“先生，我可以为您撤一下餐具吗？”

（4）道歉语：态度诚恳、虚心倾听。

如：“对不起、打扰您了”“真抱歉，让您受累了”“这实在是我的过错”“请您谅解”等。

（三）酒店常用服务用语

1. 礼宾、门童常用语

“您好！欢迎光临！”

“欢迎您来到王子酒店。”

“先生，下午好！有什么可以帮到您？”

“请您到前台办理入住手续。”

“好的，我来帮您拿。”

“先生，这是行李寄存牌，请您填写并在这里签名。”

“请妥善保管好行李寄存牌，凭此单子提取您的行李。”

“好的，先生您这边请。”

“先生，前台到了，请您在这里办理入住。”

“欢迎下次光临！祝您旅途愉快！”

2. 前厅服务规范用语

“您好！先生，欢迎光临王子酒店。请问有什么可以帮到您？”

“请问您有预订吗？”

“请问您想要怎么样的房间？先生，我们有套房、标准间及单人间。”

“请问你住几天呢?”

“李先生，这是您的入住登记单，麻烦您核对一下。”

“先生，如果没有问题的话，请您在这里签名。”

“先生，请问您用什么方式结账?”

“先生，如果您有什么需要？请随时与总服务台联系，很乐意为您效劳。祝您住店愉快!”

“祝您一路平安!”

3. 客房服务用语

“欢迎您的光临。”

“麻烦出示一下您的房卡，好吗?”

“先生，这是您的房间。”

“这是空调开关，这样调节使用。”

“先生，一路上辛苦了，请您好好休息吧!”

“等我问清楚马上告诉您。”

“您想吃点什么?”

“我陪您去好吗?”

“我是服务员，现在可以打扫房间吗?”

“对不起，洗衣房把您的衣服洗坏了，我们加倍赔偿，您看可以吗?”

“感谢您的帮助。”

“我帮您提行李。”

“请您慢走，再见!”

4. 餐厅服务用语

“欢迎光临。请问您有预订吗?”

“请问您贵姓?”

“这边靠窗的位置，您觉得满意吗?”

“请往这边走。请坐!”

“请稍等，我马上给您安排。”

“这是我们的菜单，请您过目。”

“先生，现在可以点菜了吗?”

“这是我们的特色菜，这个才加工的时间大概半小时，请您稍等一下。”

“您想喝点什么酒呢?”

“对不起，让您久等了。”

“您还需要点什么?”

“我给您换一下骨碟，好吗?”

"欢迎您常来。"

"谢谢，请慢走。"

5. 电话总机服务用语

"您好！王子酒店。"

"先生，请问怎么称呼您？"

"您好！王先生，李经理电话暂时无人接听，请问您是稍后再拨还是留言呢？"

"您稍等，我试试！"

"您稍等，我马上为您转接电话。"

三、言谈要求

日常生活中，人们运用语言进行交谈、表达思想。沟通信息、交流感情，从而达到建立、调整、发展人际关系的目的。一个人的言谈是考察一个人素质的重要标志。

（一）言谈的仪态

不论是作为言者还是听者，交谈时必须保持精神饱满，自然大方、和颜悦色，目光应温和，正视对方。

（二）话题的选择

首先要选择对方感兴趣的话题，比如与酒店有关的话题，酒店的历史、酒店的特色、酒店周围的旅游景点等。

（三）言者的表现

酒店服务人员与宾客谈话时，应语言表达准确、语音完整、语音轻柔、语调亲切、语速适中。同时要照顾宾客的情绪和心情，不能自己滔滔不绝说个没完，也要给宾客留下说话的机会，做到互相的沟通。

（四）做一名耐心的听众

在与宾客谈话中，要注意耐心听取宾客的讲话，对谈话的内容要做出积极的反应，以此来表现诚意，如点头、微笑或简单重复宾客的谈话内容。同时，恰如其分的赞美是必不可少的，它能使交谈气氛更加轻松、友好。

四、酒店服务语言的禁忌

（一）不要轻易允诺宾客

与宾客交流中，谈天说地都可以轻松愉快；但是给宾客服务的过程中，或者是交流到有关酒店公司的内容的时候，就一定要慎之又慎。说话之前三思而后行，有些话一旦说出口，宾客就会无心中当你说的事情一定能办到，如果你做不到，那么结果就是不守信用，很有可能会被投诉，并会给酒店带来不好的影响。

（二）不要轻易拒绝宾客

在给宾客服务的过程中，经常会遇到有些宾客会提出这样那样的要求或条件，有些是我们马上能做到的，但有些就会超出我们的能力范围，一时难以回复，为了给宾客留有余地，也为了给自己留下一个考虑的空间，一般不要一口回绝。这样既能够显示对对方的重视，也能利用时间争取主动。我们可以想办法尽量满足宾客的要求，或者用婉转的语言告诉宾客，我们虽然不能满足他的要求，但可以用其他方式代替，然后再征询宾客的意见，看这样的解决方式是否能被接受。即使你不能给宾客解决问题，他也会因为你的真诚，因为你以宾客为出发点的态度，而对你的服务给予充分的肯定，反而会留下较好的印象。

（三）不能把话说绝

话不能说得过于绝对，这是服务用语的基本要点，要给自己留下退路。如果当场表态：这个绝对不行，那个绝对不可，那么再想回旋已经没有余地了，这样又会把自己陷入被动的局面，所以不要轻易判断孰是孰非，避免用“绝对”“一定”等词语。

五、提高语言服务能力的技巧

酒店服务员的服务工作并不仅仅是简单的端茶倒水，即使是简单的动作，也要注意使用语言技巧。要提高服务质量，就要学习语言礼仪，就要做“有心人”，也就是在服务过程中要用心观察、体验，感悟宾客的需求，从而提供恰到好处的语言服务，使宾客满意。在平时的工作服务过程中，可以通过学习掌握以下几个方面的技巧提高自己的语言服务能力。

（一）真诚微笑，滋润宾客

人类最美的语言是微笑。学会微笑，通过微笑把快乐、善意带给顾客，这是融洽人际关系的最基本要求。各酒店在选择服务员时，都十分看重亲和力。学会职业的微笑，是每一位服务员上岗之前的必修课。真诚的微笑是用心、用眼微笑。眼睛是心灵的窗口，当你面对宾客时应先用目光与对方问好，然后将你的笑容弥漫到整张脸上。这一笑容应停留3~5秒钟，这种微笑，会使每一位宾客都感到是你特别展现给他的，因而能深深打动每一位宾客。

（二）设身处地，为顾客着想

酒店的规范、标准、程序化的服务，本无可非议，但宾客是复杂的，宾客的需求也是多种多样、各不相同。酒店服务员应学会站在宾客的角度思考问题，了解宾客的感受和需求，将心比心，设身处地地为宾客着想。在为宾客提供规范化服务的同时，还应学会根据宾客的需求，提供针对性的语言服务。往往是这种人性化的针对性语言服务，最能打动宾客、留住宾客。目前，酒店卫生是各酒店遭宾客投诉的热点，有些酒店甚至还被诉诸法律。

（三）讲话要“因人而异”

由于遇到的顾客千差万别，服务的层次和需求也不尽相同。酒店服务员面对的是不同肤色、不同年龄、不同性别、不同职业、不同性格、各式各样的宾客，规范化、标准化的服务语言不一定能吸引宾客，更不能打动宾客。酒店服务员应学会讲“因人而异”的话，也就是见什么人，讲什么话。例如，迎宾时的问好，规范要求的语言是：“您好，欢迎光临”。而一个充满智慧，具有良好服务意识的酒店服务员，他能根据不同的宾客提供以下不同的问好：老顾客——“张总，您好，很高兴又见到您”；小朋友——“小朋友好，欢迎你光临我们的酒店”；伤残宾客——“您好，欢迎光临，小心路滑/别急，慢一点/需要帮忙吗?”。同是问好，能问出不同的味道，就能满足了不同宾客的需求，给足了宾客面子，这种服务永远受宾客的欢迎。

（四）巧妙地接受和拒绝对方的意见

对于宾客所提的意思，不论是接受或拒绝，应做到让对方都能认为是通情达理的。

（五）通过语言化解双方的分歧

当酒店服务员遇到与宾客出现意见双歧的情况时，一定要注意我们的目的是平息“风波”，而不是解决分歧。一般情况下，不要随便评论双方，即使是某一方讲了一些偏激之词，也不要刻意地帮助另一方，不要加入“义愤填膺”“拔刀相助”等个人的情绪进去，多用劝导式的语言；最合适的方法就是只劝停，不评论，进行“模糊处理”。可以使用婉转巧妙的语言缓解双方的负面情绪，减轻周围环境的紧张感的束缚感，让双方平静下来，转化矛盾，从而大事化小，小事化了。

▲教师举例

你在进行酒店服务时需要注意哪些服务语言规范?

▲现场演练

宾客正在就餐高峰期时，房间内吊灯上的装饰物突然掉到桌面上时，该怎么办?请两位同学，分别扮演宾客与服务员，运用本单元所讲授的内容进行演练，通过运用语言服务技巧为宾客解决问题，避免宾客投诉。

▲教师点评

这个案例说明了就餐环境的不安全，威胁到了人身安全。这个时候服务员应该马上处理，处理得好与不好，关系到酒店的声誉问题。这时候服务员应及时向宾客道歉，询问宾客有没有受伤，并及时上报管理人员出面向宾客道歉或赠菜。服务员首先询问有没有伤到宾客。若没有伤到，但菜品已被污染，应询问宾客是否为其重新制作菜品，如需要更换，服务员通知厨房为宾客重新制作；若不需要则为宾客免除被污染的菜品的费用，然后针对本次失误跟宾客道歉，请宾客谅解。若宾客不满时，服务员应立即将此事件的经过上报给上级。

技能训练

▲实践项目

运用本单元所学知识与技能，进行服务语言能力的提升。

目标：

1. 培养沟通表达能力；

2. 提高语言服务的应变能力。

▲实训项目：运用语言公关化解宾客投诉事件危机案例

上海某酒店的咖啡厅，一句男性客人在服务前台大发雷霆。这名男性宾客裤子上、身上洒满了咖啡，嘴里不停地抱怨着："你们酒店服务员真不小心，洒了我一身咖啡，还好我穿得多没烫着，你们怎么赔？我的衣服很贵的。"服务员把经理拉到一边："是酒店服务员送水时，他自己邻座的朋友没端稳咖啡，洒了他一身。我们要妥善处理。"随后……

准备与要求：分组讨论后，每组派出三人进行角色扮演，酒店服务员如何运用语言公关化解此次的投诉事件。

能力单元二　岗位电话礼仪

情境与分析

礼仪情景

情景一：

刘娜："您好。"

客户："您好，麻烦您转一下孙总。"

刘娜："稍等……孙总的电话没人接，可能出去了，要不您下午再打一下。"

客户："好吧，我下午再打一遍。"

刘娜："好的，再见。"

客户："再见。"

情景二：

刘娜："下午好，这里是总裁办公室，很高兴为您服务，请讲。"

客户："您好，麻烦您转一下王家荣王总。刘娜：先生您好，很高兴为您服务，我姓李，请问该怎么称呼您？"

客户："我姓张。"

刘娜："张先生您好，请您稍等，我马上为您转王总。"

客户："好的，谢谢。"

刘娜："张先生，非常抱歉，王总的电话现在没有应答，张先生，需要我帮您向王总留言吗?"

客户："好的，你告诉他就说张力来过电话了。"

刘娜："好的张先生，需要我记录一下您的电话号码吗?"

客户："他知道的，你说张力就可以了。"

刘娜："好的张先生，我已经记录下来了，我一定会尽快转告王总，张力张先生您给他来过电话了。张先生，您还有其他的吩咐吗?"

客户："没有了，谢谢你。"

刘娜："不客气，张先生，祝您下午愉快！张先生，再见。"

客户："谢谢。再见。"

分析与解决

1. 学生讨论：两者给你的印象有何不同?

2. 电话礼仪有什么作用呢?

结论：电话礼仪是公司形象的载体，是企业文化的传播的得力助手体现了职工积极的心态，工作的热情以及反映了对客户的服务意识。

★课前要进行预分析；课上就其中的一两个问题进行 5 分钟的讨论，并进行实操。

教师点拨

解决这类问题需要掌握以下知识和技能：

1. 通过情景教学，让学生了解电话礼仪的作用与基本要求。

2. 让学生掌握接听电话的原则以及拨打电话的礼仪要求。

古人云："修身齐家治国平天下。"古人把修身放在首位。教养体现细节，细节展示形象。学习礼仪有助于提升个人素质。内强素质、外塑形象，如果我们时时处处都能以礼待人，那么就会使我们显得很有修养。礼仪是陌生人之间的润滑剂，是熟人之间的奢侈品。而电话礼仪是礼仪中的一种，是公司形象的载体，懂得电话礼仪，有助于维护个人形象和企业形象。

一、接听和拨打电话的礼仪

（一）固定电话礼仪

1. 拨打电话应遵守的礼仪

（1）时间选择。

除了紧急要事之外，一般不要在早上 7 点以前、中午午休时或晚上 10 点半以后打电话。打国际长途电话，还要注意各国和地区的时差。如急需在清晨、深夜、用餐时间等可能影响对方休息或用餐时打电话，应当先致歉意。

（2）环境选择。

最好选择安静的环境打电话，事先消除嘈杂、电视等声音，以免影响通话效果或产生背景环境联想。

（3）内容准备。

拿起电话之前，应首先明确通话的目的，考虑好通话的大致内容。对简单的问题有一个腹稿即可，稍微复杂一些的事情最好事先记下要点。

（4）礼貌通话。

电话接通后，应当有礼貌地及时报上自己的姓名、单位及自己要找的人。如“您好！我是××单位的××，请您帮找一下××先生（或小姐）接电话，谢谢。”即使接电话者正是你要找的人或是你熟悉的声音，仍要主动告知对方自己的姓名。

（5）挂断电话。

一般由打电话者使用简洁的结束语和告别语，如“好的，就这样吧，再见”，提醒对方将要挂断电话。听到对方放下话筒后才挂断电话，是对对方的尊重。挂断电话时应轻轻放下话筒，不能鲁莽地“啪”一下挂断。

2. 接听电话应遵守的礼仪

（1）接听及时。

电话铃响了，要及时去接听，不要怠慢，更不可接了电话就说“请稍等”，然后放下电话半天不理人家。如果确实很忙，可表示歉意，说：“对不起，请过 10 分钟再打过来，好吗？”一般是铃响两次后拿起话筒，不要铃声才响了一次就接听，这样会令对方觉得突然，而且容易掉线。若响了四次以上，接电话后应说“您好，对不起，让您久等了”以示歉意。

（2）礼貌应答

拿起话筒后，应先自报家门，并首先向对方问好。例如，“您好！广西××票务公司，请问您找哪位？”自报家门是一个与人方便、自己方便，且节约时间、提高效率的好方式。人们习惯的做法是，拿起电话听筒盘问一句“喂！哪位？”这在对方听来，陌生而疏远，缺少人情味。接话人主动自我介绍，会给对方的心里留下一个非常友好的印象，同时也避免了因对方打错电话而浪费双方的时间。

（3）做好记录。

电话机旁应放笔和记录本，养成记录必要电话内容的习惯，要仔细倾听对方电话内容，对重要事情应认真记录。记录完毕后，可重复一遍，核对准确。

（4）结束通话。

在通话时，接电话的一方不宜率先提出中止通话的要求。万一自己正在开会、会客，不宜长谈，或另有其他电话打进来，需要中止通话时，应说明原因，并告之对方“一有空闲，我马上回复电话给您”，免得让对方觉得我方厚此薄彼。遇上打起电话说个没完的，非得让其“适可而止”的话，应当说得委婉、含蓄，不要让对方难堪。比如，不宜说“你说完了没有？我还有别的事情呢!”而应当讲“好吧，我不再占用您的宝贵时间了”“真不希望就此道别，不过真的希望以后再有机会与您联络”。

（二）手机礼仪

1. 手机的携带——常规和暂放位置

在公共场合不用手机时，都应把它放在合乎礼仪的常规位置。存放手机的常规位置有：随身携带的公文包里（这种位置最正规）或者上衣的内袋里。不管怎样，都不要在不用的时候拿在手里或挂在上衣口袋外。

2. 使用手机的禁忌——遵守公共秩序、注意安全

在以下一些场合，应该关上手机：

（1）在飞机上，不管业务多忙，为了自己和其他乘客的安全，都不能使用手机，一定要关机。

（2）在加油站，为了安全也不可以使用手机。

（3）在剧院或电影院，接打手机是极其不合适的。如果需要保持联络，应该把手机调到静音状态。在这种场合，一般不要主动打出电话。如果非得回话，那么采用静音的方式发送手机短信是比较适合的。

（4）在餐桌上，特别是在宴会上，应该关掉手机或是把手机调到震动状态。不要在举杯祝酒或宾客们正吃到兴头上的时候，被一阵铃声打断。

（5）开会的时候，要关掉手机或把手机调成震动状态。

（6）在公共场合使用手机，应把自己的声音尽可能地压低，而绝不能大声说话。更不要一边走路一边用手机聊天，那样既不安全也可能给其他行人造成干扰。

（7）如果使用彩铃，最好不要用怪异或格调低下的彩铃，以免影响自身形象。

3. 手机短信内容的选择和编辑

手机短信现在已经成为人们沟通交流的一种新兴手段，使用比较广泛。手机短信可以与朋友聊天，传递信息；也可以与陌生人迅速拉近距离。可以传递高兴的事，更适合不便于打电话时的信息传递。手机短信的编辑根据手机型号的不同，能够编辑短信的长短也是不一样的。但是，不管你的手机能编写多长的短信，电信公司的收费都是按固定的字数（一般是70~80个字为一条短信）来收费的。手机的短信内容可以根据自己的需求来选择，不要转发不健康的短信和垃圾短信，以免造成不好的影响。

二、电话沟通技巧

电话沟通的主要场景及用语如表4-2-1所示。

表 4-2-1　电话沟通的主要场景及用语

序号	情景	内容
1	使用敬语“您”“请”等称呼回答问讯	错误：“说一下姓名。” 正确：“您好，请您提供一下入住宾客的姓名。”
2	宾客没有正确理解你的意图	示例 1：错误：“你错了，不是那样的！” 正确：“对不起，可能我没说清楚……” 示例 2：错误：“如果你需要我的帮助，你必须……” 正确：“我愿意帮助，但我需要您提供……” 示例 3：错误：“你没有弄明白，这次听好了。” 正确：“也许我说得不够清楚，请允许我再解释一遍。”
3	使用适当的语言表达方式，委婉地提出建议	示例 1：错误：“我不知道，你问问别人吧！” 正确：“很抱歉，您所咨询的业务需要询问××部门，您可以拨打他们的电话……” 示例 2：错误：“你去售票处改吧，我这里办不了。” 正确：“如果您方便的话，可以到我们的售票处办理相关业务。” 示例 3：错误：“你说的问题我们这里解决不了。” 正确：“感谢您向我们反映这个问题，我需要核实/请示/向其他部门咨询/稍等……，时间会很长，请您留下联系电话，我会尽快与相关部门联系并给您回复。”
4	正确称呼客户：有宾客信息弹出或已经获得宾客信息时，在对话过程中称呼宾客要使用“××先生/××女士,”，不能直接用“先生/女士”来称呼宾客。	错误：“先生，我跟您核对一下您的预订信息。” 正确：“李先生，我再跟您核对一下您的预订信息。” 在通话过程中不要过多地称呼宾客，一般两三分钟的通话过程，只需要称呼宾客两到三次即可。
5	善于用开放式的提问缩短通话时长	错误：“您先听我说……” 正确：“抱歉，打断您一下，您看我理解的意思对不对/您的意思是这样吗……”
6	谈话中回应宾客	谈话过程中善于用“是的”“我明白”“我理解您”“好的”等等回应宾客，避免使用“嗯”“啊”等单音节字语回应宾客。
7	恰当地致歉	错误：“你说的不是我们这个部门的责任。” 正确：“对不起，××事给您带来不便，实在很抱歉。”
8	使用正确用语来确认宾客信息使用易理解的中性词语核对，忌用难理解的词语核对或专业术语与宾客沟通。例如，宾客名字是“沈延”	示例 1：错误：“请问您的姓是三点水加××的‘沈’吗？” 正确：“请问您的姓是‘沈阳’的‘沈’，名是延安的‘延’吗？” 示例 2：错误：“我帮您 CHECK 一下”“我们的后台……” 正确：“我核对好相关信息之后马上为您出票。” 示例 3：错误：“我们现在没有 SR 了。” 正确：“很抱歉，我们的标准间已经售完了。”

表4-2-1(续)

序号	情景	内容
9	转接电话的礼仪	错误："刚才的电话不是我接的，我给你转过去。" 正确："请您不要挂机，我会尽快把您的电话转给我的同事，您看可以吗？"
10	转接后对方线路繁忙的沟通	错误："他现在占线，你过会儿再打吧。" 正确："不好意思，×××号现在正忙，您看我可以帮助您吗？"
11	线路繁忙或系统发生故障时的沟通	错误："不行，我们系统坏了，我办不了您的业务。" 正确："抱歉，今天电话繁忙，给您带来不便请您谅解，我会尽快解答您的问题。" 正确："很抱歉，先生/女士，由于系统维护，目前暂时无法提供您所查的数据，请您稍候来电，或者请您留下联系电话，系统恢复正常后，我们将尽快与您联系。"
12	电话溢出时的回答技巧	错误："这是上海中心/成都中心接的……" 正确："很抱歉，您提出的问题我需要跟上一位接线员核对后再跟您确认，我会尽快给您回复，您看可以吗？"

三、电话接听过程中的特殊情况

特殊情况下的应答如表 4-2-2 所示。

表 4-2-2　特殊情况下的应答

序号	情景	内容
1	当客户声音很小时	"对不起，可能是我们的线路问题，您的声音可以稍微大一些吗？"
2	当遇到疑难问题时（不能不懂装懂，给宾客含糊的答案）	"对不起，请您不要挂机，您提出的问题我需要核对一下。"
3	当客户使用地方性语言时	"对不起，您方便说普通话吗？"
4	当客户中文讲得不好时	"请问，现在您身旁有说中文的朋友吗？请他来帮一下忙，可以吗？"
5	当客户语速太快时	"对不起，您可以说慢一些吗？"
6	当听不到来电的声音时	连续说三遍"您好，请问有什么可以帮您吗？"后，"很抱歉，6××××号听不到您的声音，请您稍候再拨，再见！"
7	当客户打进电话，中途与他人讲话或停顿时间较长时	"对不起，您在听吗？我听不到您的声音。"
8	当客户报的信息有误时	"对不起，您提供的信息和我们的记录有些差别，请您再核对一下可以吗？"

表4-2-2(续)

序号	情景	内容
9	当客户要求得到其他部门电话、资料或找公司内部员工时	“对不起，关于您提的问题/要求。我将会转达给相关部门，由他们直接与您联系，请您留下联系方式，可以吗?” “关于您提出的问题/要求，您可以通过拨打××电话来解决。”
10	当对方说是某政府职能机构工作人员因工作需要查询某位机主的信息时	“对不起，我们必须保护客户的个人隐私，如果您确实需要请与公安部门联系。”
11	当对方说是新闻媒体或消费者协会人员要查询公司非电话受理的业务时	“对不起，对于您提出的问题我需要时间将此情况转给相关部门处理，请您留下您的姓名、联系方式，我方相关部门尽快与您联系。”
12	当客户对客服代表进行表扬时	“不客气，这是我应该做的。”
13	当得到客户称赞时	“谢谢您的夸奖。”
14	当客户投诉你或其他客服代表服务态度不好或业务不熟悉时	“对不起，非常欢迎您监督我们的服务，我们会在以后的工作中注意改进，谢谢您的建议!”
15	当有人打电话要求与销售服务代表聊天，或受理完业务被对方纠缠时	“对不起，请问您有关于酒店业务的问题要咨询吗?”
16	当遇到骚扰电话时	“请问您有关于酒店的业务问题吗？如果没有，我将挂断您的电话。”

教师举例

以下是接电话礼仪测试题，可以对照自己平时接电话的实际表现，进行自我评估（判断题）：

1. 电话一响立即从容地接起来。（　　）
2. 如果不是本部门的电话，就没必要理，免得耽误正常的工作。（　　）
3. 如果是其他同事的业务电话，要立即大声喊他来接。（　　）
4. 手头工作实在太忙的时候，可以不接电话或是直接把电话线拔掉。（　　）
5. 如果两部电话同时响起来的时候，只能接一部，另一部不用管它了。（　　）
6. 快下班的时候，为了能更好地解答客户咨询，让客户改天再打电话过来。（　　）
7. 接客户电话的时候，要注意严格控制时间长度，牢记“三分钟”原则。（　　）
8. 如果电话意外中断了，即使知道对方是谁也不应该主动打过去，而是等对方打过来。（　　）
9. 接到打错的电话，不用理会，马上啪地挂掉，不能耽误工作时间。（　　）
10. 在和客户谈事的时候，如果手机响了，应该避开客户到其他地方接听。（　　）

分组讨论

要求：四人一组，先做题目，然后总结接电话应有哪些要求，（让组长分配任务，分工合作）分别需要讨论答题、分析、书面总结、发言代表四个角色。

老师点评

如果你有两道以上的题答错了，说明到了要注意自己电话形象的时候了。如果错了四个以上，你的电话形象已经影响到企业形象、公司业务，改变已经刻不容缓了，否则你的企业只能很快改变接电话的人。

技能训练

▲实践项目

运用本单元所学知识与技能，掌握电话接听礼仪及沟通技巧。

目标：

1. 掌握接打电话的程序、要求及注意事项。

2. 掌握用礼貌的语言与客户沟通的技能。

▲实训项目

运用语言公关化解宾客投诉事件危机准备与要求：

1. 准备两台电话、一部手机。

2. 学生两人为组，根据自选情景模拟实训项目中的角色，通过接打电话处理好项目中的问题。

情景一：

A 酒店王经理正在召开工作例会，公司的合作伙伴携程公司的李总来了电话要找王经理。请演示秘书刘娜接电话的情景。

情景二：

A 酒店总经理秘书刘娜接到华泰贸易公司陈总电话，说航班延误，下午才能到达，到时想直接去展销会现场，但不知道怎么坐车，请刘秘书告诉他。

情景三：

上午，前台服务人员刘娜接到了一位宾客的投诉电话，抱怨他的房间夜间噪音太大，严重影响他休息。他非常恼火，情绪激动，言语有些过激，如何处理？

案例分析：

服务语言不当引起的误会

一天上午，酒店客房服务员小李正在紧锣密鼓地工作时，酒店前台服务员打来电话，得知有一位王姓老先生需要到 507 房间，让他帮宾客开一下门。小李挂断电话，正准备向 507 房间走去，迎面而来的一位先生正好想找服务员。小李连忙问：“您好！先生，请问您要开房吗？您姓王吧？”话刚落音，老先生有点生气地说：“我不姓王八。”原来宾客误会了，小李立马向宾客表示歉意。老先生也善解人意，没再找服务员的茬。虽然这只是工作中小小的一件事情，但小李面对自己的语言失误，他很愧疚，也一再反省自己，以后在工作中药提高服务语言的运用能力。

分析：酒店服务人员在接待宾客的过程中，运用规范的服务语言极为重要，不仅仅体现服务员的个人素质，更是酒店服务质量的重要标准和服务水准。服务员的不规范或者不当的语言会令宾客尴尬，还会引起宾客对酒店服务的不满或者投诉。因此，在服务工作中，要巧妙地运用语言技巧、使用规范的服务语言，才能让宾客满意，让酒店服务质量得到提高，提升酒店服务的满意度，提高酒店的形象。

模块五　酒店岗位服务礼仪

酒店岗位服务礼仪是指在酒店服务工作岗位中形成的、并贯穿服务始终的规范和标准程序。它是酒店服务人员向宾客提供的具有认同感的礼仪和仪式，是衡量酒店服务质量的重要标准之一。在酒店岗位服务中，服务礼仪的宗旨是尊重关心宾客，为宾客提供优质的服务，让宾客体会到宾至如归、满意和惊喜的感受。将酒店岗位服务礼仪规范化、标准化，提高服务的方法和艺术，更好地树立酒店和个人的形象，赢得宾客的认可，从而赢得更多的回头客，是酒店提高经济效益和社会效益重要的途径。

【学习目标】

★知识点

1. 掌握酒店岗位服务礼仪的重要性；
2. 掌握酒店前厅部、餐饮部、客房部各岗位服务礼仪的规范要求。

★技能点

1. 初步认识酒店各岗位的礼仪规范、标准；
2. 提升个人综合服务能力。

能力单元一　前厅服务礼仪

【案例精选】

杰克来到一家酒店，行李员见杰克一下车便迅速迎上前去接过行李，并问候：“欢迎光临，杰克先生”，杰克一愣，但马上报以微笑。行李员接着热情地引领杰克进入酒店，问明杰克要登记入住以后，行李员又提着行李带杰克走向前台，到接待处后，行李员说：“这是杰克先生，他想住在我们酒店。”杰克又一愣，心想：“他究竟是怎么知道我叫杰克的？”不过他心里也挺高兴，因为有人可以叫出他的名字。杰克先生非常满意行李员的接待和服务，决定以后每次来到此地出差都会入住这个酒店，并且表示也会介绍他的团队入住这个酒店，因为在这里能体会到更多满意和惊喜的服务。

【分析与解决】杰克先生并没有预订过房间，此前也没有入住过这家酒店，就连与这家酒店同一集团的酒店也没有住过，可是这位行李员是怎么知道杰克先生的名字的呢？原来行礼生在为杰克先生搬行李的时候，就留意到其行李上的行李牌了，在接行李的一刹那发现行李牌上写着这位宾客的名字——杰克。宾客认可了酒店的服务，酒店提升了满意度，赢得了信任，提升了形象。

前厅是指酒店的正门、大厅及楼梯、电梯等进入酒店客房、餐厅、会议、宴会等其他部门之前的公共区域。前厅是酒店建筑的重要部分，是每一位宾客抵达酒店、离开酒店的必经之路，是酒店的门面和窗口。前厅服务是酒店服务的第一站，宾客对酒店的第一印象就是从这里开始的，酒店服务质量的评价及最终的满意度也是从最初的印象开始的。前厅作为酒店的门面，在岗位服务礼仪中起着至关重要的作用，这对前厅员工的服务礼仪规范提出了更高的要求。

一、迎宾服务礼仪

迎宾员（门童）的主要工作职责是负责在酒店前厅机场、码头、车站等地方为宾客提供迎送服务。

（1）迎宾员应身着制服上岗，着装要整齐，站立要挺直，精神要饱满，不可双手叉腰、弯腿或靠物。两眼平视前方，面带微笑，主动为到达的宾客服务。

（2）车辆停在正门时，应立即主动迎上。向宾客点头致意，表示欢迎，面带微笑地使用敬语欢迎抵店的每一位宾客，对于常客应称呼宾客的姓氏和职位，并致以问候语，如“您回来啦，杨先生”等，给宾客宾至如归的感觉。为宾客打开酒店大门，示意宾客进入酒店大厅内。

（3）准确、及时地为宾客打开车门。正确观察车内情况，首先为女士打开车门。打开车门时，要拉开车门至最大限度。右手挡在车门上沿，为宾客护顶，防止宾客碰伤头部（但对信仰佛教及伊斯兰教的宾客不能护顶）。关门时，应注意宾客完全下车后，注意勿碰、夹到宾客。

（4）宾客下车后，应迅速检查车上有无遗留物品，关好车门。车上装有行李，应立即招呼门口的行李员为宾客搬运行李，协助行李员装卸行李并疏导车辆，保证门前道路畅通无阻，牢记车牌号及颜色，以便提供快捷、周到的服务。

（5）如遇雨天，应撑伞迎接宾客，并礼貌地请宾客擦干鞋底后进入大厅，应主动接过宾客随身携带的雨伞，帮助宾客锁在专设的伞架上。

（6）团体宾客抵店时，应维持好交通秩序，迎接宾客下车。对一般的宾客，要点头示意问候；对行动不便的宾客要帮助他们下车；对于随身携带行李较多的宾客，应帮助其提行李，宾客下车完毕后，示意司机把车停到相应的停车区。

（7）送别宾客。打开大门，问候并询问宾客主动为宾客联系车辆，注意宾客的行李完好，待宾客上车坐好后再关上车门，切不可用力过猛。车辆即将启动时，迎宾员应站在车辆斜前方1米处，鞠躬送客，微笑目送宾客，举手示意，并送上“祝您一路平安”“欢迎您再来”“祝您旅途愉快”等祝福语。待宾客离开视线后，调整站位，继续迎候宾客。

二、行李员服务礼仪

酒店的行李服务由前厅部的行李员负责，他们主要负责宾客及其行李的接送工作。行李员是酒店和宾客之间联系的纽带，行李员的工作可以使宾客感受到酒店热情、真诚的服务，这也是酒店得到宾客认可的重要途径。

（1）行李员的工作岗位一般设置在酒店大堂一侧的礼宾部。行李员其身着礼宾部制服，应保持仪容端庄、精神饱满。行李员应按照服务礼仪标准站姿立于大厅中便于看到宾客的地方。

（2）宾客抵店时，热情主动相迎，微笑问候表示欢迎。主动帮助宾客卸下和搬运行李，问清行李件数，从车内取出行李。爱护宾客的行李，对于贵重或易碎物品，应轻拿轻放，避免重压，妥善搬运。最后请宾客确认行李件数，以免遗漏。

（3）引领宾客到前厅服务前台到办理入住手续。把行李放在离前台1.5米以外的地方并等候，系好酒店行李牌，看管好行李直到宾客办理好入住手续。对于商务楼层的宾客，行李员需引导宾客至商务楼层办理入住手续，帮助宾客拉椅入座后，退后至宾客身后3~4米远的地方，等候宾客办完入住手续。

（4）引领宾客至房间。待宾客办理好入住手续后，行李员从前台服务员手中接过客房钥匙，把房间号码登记在行李牌上，后引导宾客至电梯间，可以在途中介绍酒店设施设备及服务项目，帮助宾客迅速了解酒店的情况。

（5）搭乘电梯时，应遵循尊重宾客、方便宾客的原则。引导宾客进入电梯时，应请宾客先进电梯间，并为宾客按下相应楼层键，然后将行李提进电梯间，靠边放置，在途中亦可以继续向宾客介绍酒店的相关情况，并回答宾客的问讯。电梯到达目的地楼层后，请宾客先走出电梯间，行李员推着行李也随后跟上，并引领宾客至客房。

（6）房间服务。行李员到达房间后，为宾客打开房间门，并介绍紧急出口及房间所在位置。把行李放到房间内相应的行李架上，请宾客核对确认行李。随后介绍房间内的相关设施设备，如电话、电脑、网络、电视、家具及酒店的相关服务。介绍完毕后，询问宾客是否还有其他需求，若宾客无其他需求，应迅速离开房间。离开房间时，不应背对宾客，轻声关上房门并祝宾客居住愉快。

（7）宾客离店时的行李服务。接到宾客离店收取行李的通知时，应问清宾客的房间号码，行李件数及收取时间并登记收取行李相关信息。收取行李时，礼貌轻敲房门，得到应允后方可进入房间，和宾客一起确认行李件数后，运送行李至指定地点，并提醒宾客不要遗漏相关物品行李。确认宾客办理好离店手续后，引导宾客出酒店，帮助宾客将行李放入出租车内。为宾客打开车门，护顶并请宾客上车，最后和宾客礼貌道别，可向宾客致"欢迎您下次光临""祝您一路平安，旅途愉快"等道别语。

三、酒店前台接待礼仪

酒店前台的主要职责是销售客房、宾客的入住登记、回答问讯，结算账目，保存宾客资料、协调与其他部门的关系等。酒店前台全天候提供服务。酒店前台是对客服务和管理的神经中枢。酒店前台工作的主要要求有：

（1）面带微笑，精神饱满地恭候宾客的光临。向宾客问好，表示欢迎，欢迎语问候语可以使用如"您好！欢迎光临！""请问有什么可以帮到您？"等。对于常客或事先知道宾客姓名时应礼貌称呼宾客的姓氏，以示尊重。遇到工作繁忙的时段，应先向宾客表示歉意，并请宾客稍等片刻，表示会尽快为其提供服务，按顺序迅速办理入住手续。

（2）对于有预订的宾客，尽快在电脑系统中查询预订的相关信息，请宾客核对相关入住信息；对于没有预订的宾客，应先了解宾客的要求，根据酒店客房入住的情况确认是否可以安排宾客住宿，如有空房，则向宾客介绍酒店现有可提供入住的房间种类和价格，确认宾客能够接受的房价、折扣、房间种类和住店日期。打印入住登记单，确认付款方式，并请宾客在登记单上签字确认。核对宾客身份证、护照等证件信息和内容，分配房间，双手将房卡或钥匙呈给宾客。

（3）提供其他帮助。在办理入住手续过程中，要查看宾客是否有留言、传真及电脑中作注明的特殊要求及注意事项；对于宾客的问询，应耐心回答，热心帮助。入住手续办理完毕后，将房卡交给行李员由其引领宾客至房间；如宾客不需要行李员帮忙引领，应告知宾客电梯间的位置，并预祝宾客入住愉快。

四、问讯服务礼仪

酒店前厅问讯处宾客员工的职责是解答宾客的各种问讯、提供留言服务、处理邮件等各种委托代办服务。

问讯员是一个特殊的岗位，本岗位的服务人员需要熟悉和掌握本酒店所有的服务设施、服务项目和经营特色、营业场所的经营时间表、酒店指南、机场及市内班车时刻表等；熟悉和掌握店外各项知识、包括酒店所在地的基本情况，当地天气、旅游景点、饮食特色、当地指南、国内国际电话价目表等相关业务知识。宾客对酒店外部信息的问讯涉及面非常广，这就要求问讯员必须掌握大量的信息。

在回答宾客问题时，问讯员应主动热情、耐心接待，要做到百问不厌，尽可能地回答宾客的提问，答复要准确明确，简明扼要、语言流畅，思路清晰。对于不能回答或者超出业务范围的问题，要向宾客致歉，并迅速查找相关资料，或者请示领导，不能推脱或者不理睬宾客。

问讯处的另外一个职责是为宾客提供留言服务。访客到达酒店，遇到住客不在房间或者不方便见面时，或者住客外出，想告知可能来访者自己的去向时，都可以到问讯处寻求帮助，要求留言服务。留言服务的程序如下所述：①接到要求留言的电话后，登记留言者的相关信息并查询宾客信息；②简要记录留言内容；③重复留言内容确认信息；④将留言记录到电脑中或者写在留言本中；⑤亮留言灯，通过电话系统打开宾客房间电话上的留言灯，以便通知宾客来查询留言；⑥登记留言；⑦当宾客收到留言后应及时将电脑中留言取消。

问讯处还需要处理进出店的邮件。信件、传真、邮件、快递包裹是人与人、人与社会、组织等相互联系非常有效的手段和方式。处理进出店邮件需要服务人员细心、准确、快捷、保密。特别是商务宾客的商务信函，邮件等，直接关系到宾客的生意进展，处理正确与否至关重要。问讯处员工的工作职责主要包括接收邮件的处理和出店邮件的处理。

（1）对于接收到的邮件服务处理。首先，要对所接收到的邮件进行清点、登记、分类。然后，查找到相关宾客的信息，按房间号发通知，等宾客来签领。对于已经离店的宾客，应及时联系宾客来取或者按照宾客的要求进行相应处理。对于一些信息不详的邮件，不能私自拆开，经过核查相关信息，留置一段时间，确实无人认领后再退回。

（2）对于出店邮件的处理。整理邮件，仔细检查邮件的种类，对于确实难以办理的邮件应礼貌地向宾客进行解释。检查邮件的信息以及是否属于禁寄物品、超重、具体地址等相关信息，要请宾客确认处理好；礼貌询问宾客寄出方式。对所有邮件进行分类处理记录；填写寄件单等候寄出。

五、总机服务礼仪

电话总机是酒店内外信息沟通联络的通信枢纽，是酒店里看不见的“服务员”。电话总机服务人员主要的工作以电话为媒介，用简洁的语言、甜润的声音为宾客提供各种话务活动。总机主要的的工作内容是提供问讯服务、“请勿打扰”服务、叫醒服务、留言服务、为宾客转接电话服务等。电话总机服务人员的能力和要求必须是口齿清晰、声音轻柔甜润、语速适中、音量适中、耐心倾听；工作认真、记忆力强、听写迅速、反应灵敏；熟悉几门外语，并能熟练运用；熟悉电话业务；熟悉计算机操作及文字处理能力；有较强的信息处理能力和语言表达能力。

1. 问讯服务

接听电话要在电话响铃三声之内，接通后先问候宾客，清晰地报出自己所在的部门。仔细聆听宾客需求及所讲的问题，重复宾客问讯内容，以便宾客确认；解答宾客问讯，及时给宾客满意的答复，如需要进一步查询相关信息，请宾客稍等，查询准确答案后给予宾客回复。

2. “请勿打扰”服务

接听电话要在电话响铃三声之内，接听后先问候宾客，清晰地报出所在部门。话务员询问宾客的姓名、房间号、起止时间等，并将相关信息记录到电脑中；在电脑中相应房间号的电话上执行“请勿打扰”标记；根据客人要求，在“请勿打扰”服务结束后取消电话中相应键即可。

3. 叫醒服务

宾客需要提供叫醒服务时，总机服务人员需详细记录叫醒时间记录表，问清宾客姓名、房间号、电话号码和提醒的准确时间等信息，并输入到定时叫醒机上；当叫醒时间到时，系统会自动通过电话对相关的房间进行叫醒工作；当电话叫醒无人应答或者电话占线时，自动叫醒系统会隔 5 分钟再进行一次叫醒，若三次叫醒失败后，话务员将叫醒失败记录通知到客房中心，再由客户服务人员进行敲门叫醒服务。

4. 转接电话服务

礼貌地问候宾客，耐心倾听电话内容，准确地转接电话；若占线或者无人应答时，主动征询宾客意见是否愿意稍后转接或者进行留言。

六、商务中心服务

商务中心是为了满足宾客进行商务活动的需要而设置的办公室，其主要的职能是为宾客提供各种秘书服务，为宾客提供和传递各种信息，包括会议出租服务、电子邮件和传真服务、复印服务、打字服务、秘书服务和设备出租服务等。随着信息技术的飞速发展，宾客对商务中心的依赖性越来越小，商务中心应及时转变职务职能，推出新的服务项目，为宾客提供人性化优质服务。

商务中心对工作人员的服务礼仪的基本要求有：坚守岗位，微笑服务，热情礼貌，帮助宾客处理问题迅速准确，为宾客提供高质、快捷、耐心、细致的服务。

技能训练

1. 迎宾服务礼仪训练；
2. 行李员服务礼仪训练；
3. 酒店前台接待礼仪训练；
4. 问讯服务礼仪训练；
5. 总机服务礼仪训练；
6. 商务中心服务礼仪训练。

拓展训练

案例 1：

某日下午，南京某酒店公关销售部施经理正在大堂忙忙碌碌地张罗圣诞节的环境布置，只见一位身穿西装的先生带着一位身穿夹克衫的男子急匆匆地走到他跟前，轻轻地对他说："施经理，有件事跟您商量一下，我是北京××公司的总经理，这几天和另一位同事住在贵酒店。这位先生是我南京的一位客户，刚才和我一起吃完饭，多喝了点酒，我想给他另开一间房，让他休息一下，住一晚，我们顺便谈点生意，可前台服务员说我已经开了一间房，不能再开了，而这位客户正好没带身份证，前台也不让登记，施经理，您就帮忙再开一间房吧！您看，这是我的身份证。"他边说边递上身份证，下面还衬着一张没有填写的住房登记表。"施经理，您就行个方便吧！"旁边那位男子也递上名片求情。

此刻，施经理感到很为难：这位北京某大公司的总经理是本酒店的常客，他的要求应该尽量满足，如果处理不当，就会失掉一个很有潜力的常客，但如果答应让其客户无身份证入住，又不合饭店住宿的规定。他试图找到一个变通办法，便询问那男子："您有没有证明你身份的其他证件？"男子摇了摇头。"那可不行啊。"施经理显得无可奈何。那位先生有点急了，赶紧说："这是特殊情况嘛，请允许我用我的身份证来担保他入住吧。""好，就这么办吧。"施经理略一沉思，下了决心答应下来。两位宾客喜出望外，连声道谢，表示今后有机会一定再住该酒店。

施经理领两位宾客到前台办完入住登记后，又给楼层服务台挂了个电话，向值班服务员介绍了那位新入住宾客的特殊情况，请她特别注意。

问题：

1. 面对这样的情况，如果你是施经理，你讲如何应对？

2. 对于酒店的前台工作，有什么启示？

案例 2：

小尧是刚从旅游院校毕业的大学生，毕业后被分配到某酒店房务中心。他到房务中心上班的第二天，轮到值大夜班。接班没多久，电话铃响了，小尧接起电话："您好，房务中心，请讲。""明天早晨 5 点 30 分叫醒。"一位中年男子用沙哑的声音说道。"5 点 30 分叫醒是吗？好的。没问题。"小尧知道，叫醒虽然是总机的事，然后立即转告总机，但一站式服务理念和首问负责制要求自己先接受宾客要求，于是他毫不犹豫地答应了。

当小尧接通总机电话后，才突然想起来，刚才竟忘了问清宾客的房号！再看一下电话机键盘，把他吓出一身冷汗——这部电话机根本就没有号码显示屏！小尧顿时心慌，立即将此事向总机说明。总机告称也无法查到房号。于是小尧的领班马上报告值班经理。值班经理考虑到这时已是三更半夜，不好逐个房间查询。再根据宾客要求一大早叫醒情况看，估计十有八九是明早赶飞机或火车的宾客。现在只好把希望寄托在宾客也许自己会将手机设置叫醒。否则，只有等待投诉了。

早晨7点30分，一位睡眼惺忪的宾客来到总台，投诉说酒店未按他的要求叫醒，使他误了飞机，其神态沮丧而气愤。早已在大堂等候的大堂副理见状立即上前将这位宾客请到大堂咖啡厅接受投诉。

原来，该宾客是从郊县先到省城过夜，准备一大早赶往机场，与一家旅行社组织的一个旅游团成员汇合后乘飞机外出旅游。没想到他在要求叫醒时，以为服务员可以从电话号码显示屏上知道自己的房号，就省略未报。

酒店方面立即与这家旅行社联系商量弥补办法。该旅行社答应让这位宾客可以加入第二天的另一个旅游团，不过今天这位宾客在旅游目的地的客房预订金270元要由宾客负责。接下来酒店的处理结果是：为宾客支付这笔定金，同时免费让宾客在本酒店再住一夜，而且免去宾客前一天的房费。这样算下来，因为一次叫醒失误，导致酒店经济损失共计790元。

问题：

1. 面对这样的问题你会如何处理？
2. 如何将叫醒服务做得更加细致、周到，避免出现案例中的问题？
3. 如何提高员工对工作的熟练程度，提升服务水平？

能力单元二　客房服务礼仪

【案例精选】

某酒店1210房间的宾客打电话到总台通知说："把我房间的长途电话开通。"总台服务员小李马上查询了这位宾客的付款方式和所交的押金，然后礼貌地对宾客说："请您稍等，我马上为您开通。"放下电话她便马上通知房务中心为宾客开通了长途电话。过了一会儿，宾客又打来电话问："我房间的电话开通了吗？"小李回答道："长途已经开通了，您在号码前加拨'6'就可以了。"宾客停顿了一会儿说："我给你们提个意见，在开通房间电话后要通知宾客一声，以免宾客一直在那儿等着。"小李听后马上回答道："对不起，先生，非常感谢，我们一定采纳您的意见，希望以后您多给我们提宝贵意见。"

从那以后，该酒店都会在宾客要求开通长途电话时告之宾客："请稍等，我们马上为您开通，请您一分钟以后先拨'6'就可以拨打了。"

【分析与解决】酒店服务的过程是相互的，服务过程中及时的沟通非常重要，一方为其提供了服务，而宾客却不知道，不仅会耽误宾客的事情，也会给宾客留下服务效率低的印象。本案例中，总台服务员为宾客开通了长途电话，但却没有及时告诉宾客，虽然是以最快的速度开通了电话，但宾客并不知道，他仍然在等着服务员的反馈，这就意味着酒店

开通长途电话的服务工作实际尚未完成，还差一句话的告知。因此，酒店为宾客服务就要做到“一次到位”，对于宾客的需求不论满足与否，都要在第一时间及时反馈给宾客，以免耽误宾客的时间，提高酒店服务的有效性。

客房是酒店的最重要的组成部分，是宾客的“家外之家”，客房是看宾客在酒店中逗留时间最长的地方，为宾客提供清洁、舒适、安全、卫生的住宿环境是酒店工作的重点，而客房的服务质量是影响宾客满意度最重要的部分，在客房的实际工作中，顾客往往把服务理解为态度，态度好就是服务好。服务是酒店的形象之本，必须向宾客提供最优质的服务，优质服务就是最大限度地满足宾客的正当需求，优质服务的基础就是给宾客提供标准化服务，按照酒店标准化工作程序提供高效率、高水平的服务。

一、楼层接待服务礼仪

（1）在宾客抵达前，整理好房间，检查设备设施、用品等是否完好，调节好房间的温度和湿度，为宾客提供清洁、卫生、安全、舒适的休息环境。

（2）楼层服务员在接到来客通知后，在电梯口迎接宾客，主动礼貌问候宾客：“先生（女士）您好，一路辛苦了，欢迎光临！”如果是常客，应加上宾客的姓氏。

（3）引导宾客出电梯，主动帮助宾客，征得宾客同意后帮助其提行李。

（4）引领宾客到客房，到达房间门口时先开门、开灯、侧身一旁，敬请宾客进房，后放置好宾客的行李物品。

（5）宾客进房后，根据人数和要求，灵活递送香巾和茶水，递送时必须使用托盘和毛巾夹，做到“送物不离盘”。

（6）根据宾客的实际情况，礼貌介绍房间内的设施设备及使用方法，并介绍酒店内主要的服务设施及主要位置、主要服务项目及服务时间，帮助宾客熟悉酒店环境。

（7）根据宾客的实际需要，减少某些服务环节，服务员应该随机应变提供相应服务。

（8）询问宾客有无其他需要后，礼貌告别，随即离开宾客的房间，祝宾客入住愉快。退出客房后，轻声关上房门。

二、客房清洁整理服务

客房清洁整理服务是保证客房干净、卫生、舒适的重要工作，客房每天的整理清洁工作量很大，清洁整理客房需要讲究一定的工作方法和原则。上下法，衣柜、门等设施应从上到下进行擦拭；里外法，地毯吸尘、卫生间地面擦拭等工作要从里到外进行；先铺后擦法，客房的清洁中应先铺床、后擦尘、避免铺床扬起的灰尘再次弄脏已经整理干净的地面及设施设备；干湿分开，灯罩、电视等家具需用干抹布清扫；镜面、电镀器具用湿抹布擦拭之后，再使用干抹布彻底擦净。卧室、卫生间的抹布必须分开。

（1）客房的整理一般一天至少三次，即上午、中午、下午各一次，同时应尽量避免宾客在房间时进行整理。

（2）上午的整理时间最好安排在宾客用餐或者外出时进行全面整理，通过以下几种方法进行：拉，打扫房间时，应拉开窗帘，打开窗户，检查窗帘的情况；倒，倒烟灰缸和垃圾桶，注意烟灰缸内是否有烟头没有熄灭；撤，撤床单、被套、枕头套，换上干净的床上用品；撤出用过的杯子并更换洗擦；擦，擦尘应具备两块抹布，一干一湿，干的擦电器类，湿的擦家具类。擦尘应按照房间的顺时针方向或者逆时针方向进行，顺序是从上到下从里到外，顺次擦净，行动轻巧，擦一件家具设备就检查一项。

中午宾客在用餐时候或者午间休息起床后，还需进行一次小整理：主要是清理垃圾、换烟灰缸、整理床上用品等。

晚上可以给宾客做夜床及对住客房进行晚间就寝前的小整理，主要是方便宾客夜晚休息，主要包括拉好窗帘，放好被子，被子上半部掀开45°角，整理房间、打开床头、灯清理卫生间等。晚上夜床服务一般在18：00–20：00进行，此时宾客大多外出就餐，不会打扰到宾客。

三、客房送餐服务

客房送餐服务是宾客在住店期间，将预订的菜肴和酒水送到客房，使宾客能在房间内用餐的过程。询问好宾客房间号、姓名、用餐人数及时间、详细记录点菜内容、品种、规格、数量，询问宾客的禁忌等。

根据宾客的订餐情况准备好餐具及调味品、将宾客所点菜肴按要求整齐摆放在餐车上、再次确认账单和菜品是否一致，将账单放在收银夹内。

核对好房号、姓名、时间及所点菜肴。送餐至宾客房间门。按下门铃征得宾客同意后进宾客房间；礼貌问候宾客，摆放好餐具等，请宾客用餐，询问宾客是否有其他需要帮助的事项，若没有，礼貌道谢后离开客房。待宾客用餐完毕后，配合客房服务员整理好餐具并收拾好。结账，礼貌道谢，离开房间，送餐服务结束。

四、客房洗衣服务

1. 洗衣的种类及时间

客房洗衣服务是宾客在住店期间酒店提供洗衣服务，尤其是商务宾客和因公常住外地的宾客。洗衣服务分为水洗、干洗、熨烫三种的。洗衣服务时间一般分为普通洗衣和特快洗衣，普通洗衣时间为一天，如宾客急用，可以办理特快洗衣，三个小时即可洗好送回，但要收取相应的费用。

2. 洗衣的要求

收到宾客的衣物时，要看清宾客的洗涤要求；检查好衣物的口袋里是否有遗留物品、点清件数、查看衣物是否破损、有污渍、纽扣脱落等情况，如有，应向宾客说明，并在洗衣单上注明破损程度及位置；核对宾客衣物的件数、材质、洗涤种类及对时间的要求等。

3. 送洗服务

送洗服务是一件非常细致的工作，洗涤完毕后，检查好衣物，将洗好的衣物及时送回房间。送回宾客衣物时，如果宾客不在房间内，应将衣物放在房内显眼处，方便宾客回房时检查衣物；如果宾客在房间内，请宾客当面检查。

五、客房其他服务

1. 借用物品服务

客房内配备的服务用品一不定能满足宾客的全部需要。有些宾客需要借用熨衣架、婴儿床、插座等物品。客房部应配备宾客可能需要的物品，并在客房内的服务指南中有相应标注，以方便宾客使用，做到细致周到地提供服务。

2. 特殊情况下的客房服务

当宾客财物在酒店客房内丢失时，应派人到达现场，安抚宾客，及时提供帮助，并尽快启动调查工作，并把及时调查结果通知宾客。

当宾客遗留物品在客房内时，应立即上交，并将遗留物品的名称、房间号、时间、地点等进行详细的记录，然后向值班经理报告，值班经理想办法联系宾客尽快来领取。凡宾客遗留的物品应交由保安部门保管，由保安部门交给宾客。

3. 擦鞋服务

客房内通常会配备有擦鞋纸和擦鞋巾等供宾客使用。有些酒店还配备有擦鞋机免费提供擦鞋服务。有的酒店还提供人工擦鞋服务。宾客如需擦鞋，可将鞋子放置到鞋篮内或置于房门口。服务员擦拭鞋子时，应该根据鞋子的面料、颜色、选择合适的鞋油或鞋粉，仔细、认真擦拭。最后将擦好的鞋子及时送回客房内或放置在房间门口，以便宾客及时使用。

技能训练

学生分组，分别扮演客房服务员、宾客、楼层服务员等相关角色，进行客房服务礼仪训练，教师进行点评。按照课堂讲解和演示要求，掌握不同岗位角色的礼仪。

拓展训练

案例

一天上午，某酒店客房服务员丽纳在清洁 3608 退客房时，听到外面有人叫服务员，她便立即放下手中的工作，快步走出房间。丽纳看见 3612 房门口站着一位先生，身穿西装且打着领带，手里还拿着一些文件。丽纳微笑着迎上去问候宾客，并询问有什么事需要帮忙。站在3612房门口的先生说："我的一位朋友住在3612，他让我把东西送过来，并在这里等他回来，而且我现在急需用一下卫生间，赶快给我开门，否则我就向你们总经理投诉，说你对客服务不礼貌。"这位先生不耐烦地大声对丽纳吼道。

"先生，请问您朋友贵姓?"丽纳微笑着问宾客。"怎么，不相信我?"宾客用质疑的语气反问丽纳，并从上衣口袋里掏出他的证件，伸到丽纳面前，原来他是一名执法人员。

丽纳明白宾客误解了自己的意思，但还是有礼貌地对宾客微笑着说："先生，您误会了，我对您肯定是信任的，但是您的朋友住在我们酒店，这个房间目前的所有权归他，如果不经他本人同意，我们是无权为任何人开其房门的。您可换个角度来想，如果这个房间是您的，而在您不在的情况下，我们服务员……如果您需要用卫生间，我们酒店一楼大堂设有公共的客用卫生间。"

宾客听完丽纳的一席话后，脸上露出了和蔼的笑容，他拿手机拨通了朋友的电话，讲明情况后，宾客把电话递给了丽纳，宾客在电话里说："小姐，谢谢你，我是3612房间的宾客，叫××，麻烦你帮忙把房间门打开，让我的朋友进去，我马上就回来，谢谢。"

挂断电话后，丽纳对访客说："先生，对不起，请稍等，我去拿钥匙。"丽纳借机打电话到客房部办公室，对3612房间的情况再次进行了确认，并在最短的时间内来到了宾客面前打开房门。之后丽纳很有礼貌地为宾客沏了杯茶水，来访的先生微笑着对她说："小姑娘，刚才真不好意思，吓着你了，你对工作这么认真负责，我很佩服，我的朋友住在这儿，一定很放心，我回去一定会向我的亲戚朋友推荐你们酒店，谢谢你。"丽纳听到宾客的赞赏，心里感到十分高兴，并对宾客说："应该要谢的是您，谢谢您对我们工作的支持和理解，耽误了您这么长的时间，非常抱歉，您先休息一下，喝点茶水，等您朋友回来，如有什么需要帮忙的，请致电'8500'，我们随时为您服务，祝您在这过得愉快!"说完之后，丽纳便退出房间，并帮宾客带好房门，继续做自己的工作去了。宾客退房之后，便给丽纳写了一封表扬信，丽纳由于工作认真负责，得到了宾客高度的赞扬。

问题：

1. 你如何评价丽纳的工作？你从这个案例学习到了什么？
2. 如何为宾客提供个性化优质化的服务？

能力单元三　餐厅服务礼仪

【案例精选】

史先生一家到某店面用餐，点完菜后，一家人高兴地喝着茶聊着天等待菜品上桌。这时，史先生的手机突然响了，史先生拿出电话一看是一位重要的客户，于是和家人打了个招呼，拿着手机向厅外的休息室走去，边走边接起了电话："喂，王老板，你好，你好！"这时迎面过来一位传菜员，手里托着托盘，急匆匆地走着，由于过道比较窄，在与史先生擦身而过的一瞬间，手里的托盘划到了史先生的衣服。传菜员忙说："对不起！先生！"史先生也没太在意，向传菜员摆了摆手，继续说着电话，走了过去。

等史先生打完电话回到座位后才发现，肩上被托盘划了一个口子，马上找来经理。经理在了解了情况后，找来了刚才的那位传菜员核实，并发现这位传菜员用的托盘的边确实不是很平整。最后经过经理充分沟通后没有办法，只好赔偿了宾客的损失。

【分析与解决】传菜服务礼仪中要注意礼节礼貌，礼让宾客，注意步姿的端正和自然，遇到宾客要主动礼让，保持身体平衡，力求做到忙而不乱，靠右行走，不冲不跑，注意观察周围的情况，保证菜品和汤汁不洒不滴。店面用的餐具、厨具一定要光滑、平整，避免划伤，最大限度杜绝安全隐患。

餐厅在酒店中扮演着酒店经济效益"三驾马车"的重要角色之一，是酒店收入最重要的来源，餐厅经营的成败，直接影响到酒店客房和商品等项目的销售，餐饮服务质量的好坏直接影响到酒店的声誉和收入。餐厅服务的重要目的是为前来酒店用餐的所有宾客提供优质服务，让每一位宾客得到满意的服务。餐厅服务员工作具有直接为宾客提供面对面服务的时间长、面广、量大、需求多的特点。因此餐厅服务总共由订餐服务、餐前准备、迎宾服务、引领服务、席间服务、结账服务和送客服务等几个阶段组成，这些阶段的相关工作环环相扣、紧密联系，宾客与服务员之间的沟通要及时、清晰、准确。在餐厅服务中，礼节礼貌贯穿于整个餐厅服务的始终，从经理到员工，每一个人都是"礼仪大使"，都应尊重宾客，把宾客当成上帝看待。

1. 中餐服务礼仪

（1）订餐服务。

宾客前来订餐时，服务员应热情主动接待，耐心倾听宾客的需求，详细询问宾客的订餐人数、具体用餐时间、订餐内容，其他具体的要求等，并做好记录。记录完毕后，复述一遍，请宾客确认。记录订餐宾客的姓名及电话，以便联系。最后提醒宾客准时用餐。

（2）迎宾服务。

在餐厅营业前 20 分钟，迎宾领位员及服务员各自站在指定的位置上恭候宾客的到来。宾客进入餐厅，领位员使用敬语，笑脸相迎，并主动问候"欢迎光临"。主动询问宾客是否有预订，如有，确认预订的人数、预订人的姓名及电话、预订具体时间和要求等信息；如没有，需询问宾客，则将宾客引领到相应的位置即可。

（3）领位服务。

领位员引领宾客到座位就座，引位时，应和宾客保持 1 米左右的距离，步速与宾客保持一致，在拐角或楼梯口、有阶梯的地方需提醒宾客注意脚下方向。引领过程中，不时回头保持微笑示意宾客。将宾客领到座位时，轻声询问宾客的意见，坐在这个位置是否满意。帮助宾客拉椅就座，引领员用双手把椅子拉出，右腿在前，膝盖顶住椅子后部，待宾客屈膝就座时，顺势将椅子向前推进，就座时顺势就座，推椅子动作要自然、适度，让宾客坐稳坐好。就座顺序一般是遵循女士、老者、长者、尊者优先的原则，如有儿童在场，应安排儿童座椅，避免儿童坐在上菜的位置。协助宾客放置、存好随身物品等。

（4）茶水服务。待宾客就座完毕后，服务人员为宾客提供茶水。递送茶水之前应该为宾客递送香巾，送香巾时应站在宾客的右侧服务。递送茶水服务，服务员根据餐厅准备的茶水，向宾客介绍茶水，为宾客斟倒茶水，一般斟倒八分满。

（5）点菜服务。为宾客点菜时，将打开好的菜单及酒水单从宾客右面呈递给宾客，在宾客左侧进行点菜服务。应从主宾开始逆时针点菜服务。等待宾客点菜时，要保持微笑，注意宾客的表情，认真解答宾客的问题，积极介绍和推荐本餐厅特色菜肴，介绍菜单时做好宾客的参谋，适当推荐菜肴，通过看、听、问的方法来判断宾客的需求，特别注意介绍烹制菜肴的时间、原料、口味、烹饪方法、价格等情况，主动了解宾客的饮食习惯和口味要求及饮食需求。宾客点菜时，服务员表情自然，面带微笑，上身前倾、认真记录、集中精神。点菜完毕后，重复宾客所点的菜肴，并请宾客稍等。

（6）上菜服务。上菜服务的位置应该选择在陪同人员座位之间进行，避开老人、女士及小孩之间的空隙。上菜的顺序和习惯应根据宾客的习惯而定，同时上菜应根据餐别及各地的上菜规格和习惯，根据宾客的要求和进餐速度，灵活掌握上菜时间。冷菜尽快送上，冷菜吃到一半时再上热菜，热菜一道一道上，一般 30 分钟内上完所有菜肴。上每一道菜都要报菜名，报菜名时应吐字清晰、音量适中，当所有菜上齐后，应告知宾客菜已经上齐，请宾客慢慢享用。

（7）席间服务。在宾客进餐的过程中，服务人员应该积极注意宾客的进餐情况，勤于观察宾客台面，积极为宾客添加饮料酒水及及时更换烟灰缸及杂物，根据宾客的需要，适时撤换空盘、骨碟、空饮料瓶。每一道菜快吃完时，应及时更换小蝶，摆回桌面方便宾客取用。适时整理台面，保持台面清洁美观。宾客有意需要吸烟时，应主动上前帮助宾客点火，点火要注意安全、注意火苗的位置和大小。宾客席间离席，帮助拉椅和撤餐巾。宾客停筷后，主动询问是否需要水果、甜品，并询问是否需要打包食物。

（8）结账服务。宾客用餐结束，示意结账时，服务人员应主动询问宾客剩余饮料及餐点的处理方法，并询问宾客对餐点的满意度。然后从柜台收取账单，放在收银盘内将其递送给宾客。待宾客核对完账单，先行确认之后，交给宾客过目，如宾客提出疑问，应认真解答相关疑问。最后按照宾客的意愿进行结账，尽量满足宾客的需求，结账结束后，送上发票、小票、找零现金或者信用卡签单等。

（9）送客服务。为宾客拉椅送客，当宾客站立起身时，应本着女士优先的原则，主动帮助宾客拉椅子。提醒宾客不要遗忘随身物品。将宾客送至门口，告别时应该面带笑容送上“欢迎下次光临”等道别语。

2. 西餐厅服务礼仪

现在的市场上有各种各样的餐厅，从街边小吃到豪华的扒房，满足了形形色色的有不同需求的宾客，琳琅满目的餐厅吸引着八方来客。不管走进复古、奢华优雅的意大利餐厅还是走进浪漫的法兰西风情餐厅，西餐厅的魅力都能令你印象深刻。源远流长的西餐饮食文化，成就了完美的西餐服务，西餐规范化的服务礼仪形式对于西餐的传播和发展有着重要的意义。

（1）预约服务。

养成预约的习惯，在当今快节奏的生活中显得尤其重要。对于餐厅来说，预约为餐厅的完美服务提供了便利，使宾客用餐更加顺利和美好。在信息和科技完美结合的今天，餐厅的预约系统体现出更加人性化的服务。在餐厅的运营中，服务员必须要充分地了解和掌握餐厅的信息：掌握餐厅的营业时间；掌握餐厅的经营菜式和内容，如每一天餐厅推出的特色菜品，餐厅的特色等；了解餐厅的座位数量，座位的特征；餐厅菜品的价格、套餐的价格等；酒水的种类及价格、酒水的政策；对于预订的宾客是否已收取订金等。服务人员在开展工作前做到“万事俱备”，才能以最好的姿态迎接宾客的到来。

接受预定时，要先问清楚宾客的需求，登记好预定宾客的名字及联系方式、预定的时间、人数等信息，适当推荐本餐厅经营的菜品和特色，耐心回答宾客的询问；确认宾客没有其他要求后，复述宾客所点的菜品内容和宾客的各项要求，请宾客确认；结束后礼貌道谢结束预订工作。

（2）迎宾服务。

迎宾服务是餐厅为宾客提供服务的开端，礼貌得体、优雅大方的迎宾服务，是为餐厅树立良好的形象的开始。迎宾员身着制服，站姿优雅立于指定位置，面带微笑、精神饱满地迎接宾客的到来。宾客抵达餐厅时，迎宾服务员应礼貌问候宾客、欢迎宾客的到来，行鞠躬礼，询问宾客的预定情况，如果有预定，应检查并核对宾客预订记录及用餐人数；如果没有预定，则需询问宾客用餐人数及宾客对餐桌位置的选择要求等。

（3）引领入座服务。

在西餐服务中，入座是一项非常重要的服务工作，引导宾客入座时，应遵守一定的礼仪规则：女士和年长者优先，并应照顾好老人、儿童、伤残人士等。迎宾员引领宾客走入餐厅，引领时应走在宾客前面，保持 3~4 步的距离，步速适中，并不时回头，遇到阶梯及转角处，应提醒宾客注意安全，示意餐桌的方向。走到餐桌边，一边为宾客拉出椅子，一边询问宾客对餐桌的位置是否满意。拉椅的动作轻巧，双手握住预备，单膝盖抵住椅子后背，轻轻向后拉出，待宾客弯腰入座时，轻轻将椅子推进即可，礼貌示意宾客就座。宾客就座时，应从椅子的左侧入座，女士坐好后，男士才能入座，一般来说，西餐的主位由女士、年长者和最重要的宾客就座。

（4）点菜服务。

待宾客入座完毕后，把菜单打开后，从宾客右侧将菜单双手呈上，询问宾客是否可以点菜。点菜时，站在宾客左侧，应以座次平面图来为宾客点菜，询问宾客需求，详细记录点菜内容，适当为宾客推荐餐厅的特色菜肴。西餐点菜一般按照宾客点的前菜、汤、沙拉、主菜、甜点、咖啡或茶的顺序，欧美的餐厅一般很少供应套餐，宾客可以按照自己喜好和食量按照上菜顺序点菜。因此服务人员应依次记录好宾客点菜的顺序、特点、数量、配菜、烹调生熟度、搭配酱料、特殊需求等。点完菜之后，服务人员可以适时询问菜肴与酒水的搭配，适当给出中肯的建议。

（5）上菜服务。

西餐对上菜顺序有严格的要求，一般上菜的顺序为面包、佐餐酒、冷盘开胃菜、汤、主菜、甜点、咖啡或者茶。

①面包。应从宾客左侧依次派送上面包、黄油，如有多种面包，应先让宾客选择；或者将面包篮放在桌子的中央，供宾客取用。

②佐餐酒。上佐餐酒前，服务人员应立即帮助宾客准备好葡萄酒杯，从酒库里取回酒，向宾客展示所点的酒品，请宾客确认，红葡萄酒放在酒篮里置于宾客面前的餐桌上，白葡萄酒需要冰镇后为宾客斟倒。斟酒时，应遵照女士、长者、尊者优先的原则，最后才为点酒主人斟倒酒水。斟倒酒水时应确保每一位宾客都能获得等量的酒。倒完酒后，应将剩余的酒放回冰桶内。

③冷盘开胃菜。西餐第一套菜是冷盘开胃菜，上菜时，应直接将餐盘摆在宾客面前的展示盘上。

④汤。西式餐饮的汤可分为两种，一种是清汤，以双耳汤碗搭配底盘盛放；另一种是浓汤，以汤碗盛装。服务人员将汤用银盆端进餐厅，把热汤端给宾客时候，要注意礼节，应先告知宾客，以防碰伤、烫伤等意外。上汤时，用右手上汤，从宾客右侧服务。

⑤主菜。按照国际惯例，采用法式服务提供主菜服务时，主服务员将现场烹调的菜肴分别盛入每一位宾客的主菜盘中，然后由助理服务员端给宾客，并从宾客右侧上主菜并报菜名、主菜的生熟度等。上主菜会配有相应的沙司。沙司一般放在沙司船内，由服务员顺次为宾客服务。不同的菜肴配不同的沙司。服务沙司从宾客左侧服务。

⑥餐后奶酪甜点。地道的西餐甜点包括奶酪、甜点、水果等。一般上甜点之前要请宾客点奶酪，服务员将若干品种的奶酪放在大的浅底盘中，用餐车送到餐桌旁边，请宾客挑选，将宾客所点的奶酪当场切割装盘摆放，并在餐桌中央配好胡椒盅、盐盅。宾客食用甜品时要另外提供甜品刀叉或甜品勺，服务员应提前摆放在餐桌上。在服务水果时要为宾客提供洗手盅。

⑦咖啡或茶。甜点过后，询问宾客是否需要咖啡或者茶。送上糖盅和奶盅放置在餐桌中央，一般 2~3 人合用一套。摆上咖啡杯具或者茶具。用咖啡或茶壶为宾客倒适量的咖啡或茶，从宾客右侧服务，上咖啡或者茶时，应告知宾客小心烫伤，并告知宾客配咖啡或

者茶的糖或奶放于餐桌中央，便于宾客取用。

（6）结账送客服务。

结账服务是在宾客用餐服务中的收尾服务工作，做好结账工作，善始善终，保持好良好的服务礼仪，是赢得宾客尊重和称赞的重要渠道。待宾客用餐结束示意结账时，要及时准备好账单，账目记录清楚，夹到相应的账单夹中，然后用托盘送至宾客面前，请宾客核对和确认账单。结账完毕后，真诚地向宾客礼貌道谢，并欢迎其再次光临。

技能训练

1. 中餐厅各项服务礼仪训练；
2. 西餐厅各项服务礼仪训练；
3. 以8名学生为一组，分角色进行中、西餐各项服务的模拟场景训练。

拓展训练

案例1

一天晚上，几位外国宾客到深圳某四星级酒店的西餐厅点了一瓶香槟和牛扒等食品。过了五六分钟，服务人员回来告诉宾客这种香槟已经卖完。宾客并没有太在意，又点了另一种香槟酒。但七八分钟过后，服务人员回来又抱歉地告诉宾客这种香槟也没了，查看了仓库也无存货。宾客听后有点不快，感觉服务人员怎么对餐厅所售酒的库存都不清楚，而且连续发生两次。稍后，一位宾客所点的牛扒送了上来，宾客尝后感觉牛扒太生，未按其要求烹制，于是叫来服务人员拿走重新加工，可能是服务人员没有听懂宾客的要求，几分钟后他重新端上牛扒，宾客觉得并没有什么改变。连续发生的几件事，使宾客非常不满。

问题：

1. 如果你是餐厅经理，如何处理这一件事情？
2. 如何加强员工服务培训，员工培训应该从哪些方面加强？

案例2

某餐厅，一桌宾客点菜时点了一只龙虾，龙虾做好上桌后，宾客发现龙虾颜色不对。就问服务员“小姐，上次我在这儿吃的龙虾是白色的，为什么今天的龙虾肉颜色是粉色的？是不是不新鲜呀？”服务小姐回答：“不是的，先生。龙虾肉颜色不同主要是品种不同。”宾客又问：“你们这供应的不都是澳洲龙虾吗？”服务小姐不耐烦地回答：“人还有黑白呢，何况是龙虾呢？”结果宾客被噎得瞠目结舌。

问题：

1. 案例中服务人员在处理事情的时候，应该注意什么问题？如何处理问题才能让宾客心服口服？
2. 如何培训餐厅服务人员，服务员应该具备哪些基本的技能和素质？

模块六　客源礼仪

世界上所有的民族，都有自己独特的习俗礼仪，酒店服务从业人员，应意识到主要客源国礼仪在对客服务中的重要性，要了解我国主要客源国的历史和文化背景差异。在熟知各国特点和习俗的基础上，掌握我国主要客源国礼仪对提升从业人员的综合素质起着重要的作用。

王经理心得

某酒店接待一个来自法国的商务考察团。宾客抵达酒店后，酒店为每人准备了一份礼物。礼物是酒店专门从杭州定制的名牌丝质手帕，每块手帕上都绣着精美的花鸟图案，而且都单独装在一个特制的小纸盒内，看起来美观大方。中国的丝绸制品一直都是游客的必买商品之一，他们预想应该会受到法国客人欢迎。但当酒店王经理代表酒店把礼物赠送给宾客时，却发现宾客很不高兴。原来，在法国宾客看来，手帕上的菊花是很不吉利的东西，是不能用来当礼物馈赠他人的。通过此事，王经理认识到，作为酒店从业人员，事先了解主要客源的礼仪及禁忌是大有必要的。

（资料来源：舒伯阳. 现代旅游礼仪与沟通艺术［M］. 天津：南开大学出版社，2011.）

【学习目标】

★知识点

1. 掌握主要客源国的宗教礼仪；
2. 掌握我国主要少数民族的礼仪；
3. 了解主要客源国的涉外礼仪。

★技能点

1. 初步培养对特殊宾客服务的能力；
2. 提升个人综合服务能力。

能力单元一　民族礼仪

情境与分析

礼仪情景

今天王经理是当班前台接待员，负责为一批外宾办理入住。办理过程中，有一位西方游客在看到中国地图时问王经理："承德以前是蒙古人住的地方，因为它在长城以外，对吗?"王经理答："是的，现在有些村落还是蒙古名字。"宾客又问："那么，是不是可以说，现在汉人侵略了蒙古人的地盘呢?"王经理答："不应该这么说，应该叫民族融合。中国的北方有汉人，同样南方也有蒙古人。就像法国的阿拉伯人一样，是由于历史的原因形成的，并不是侵略。现在的中国不是哪一个民族的国家，而是一个统一的多民族国家"。宾客听了都点头。

（资料来源：杨金波. 政务礼仪［M］. 北京：中华工商联合出版社，2012.）

分析与解决

（1）在回答宾客对于民族的问题是应该遵循什么原则?

（2）你认为王经理回答的得当之处在哪里?解决这类问题需要掌握以下知识和技能：一是详细了解我国少数民族历史；二是掌握少数民族的礼仪禁忌。

少数民族指的是多民族国家中人数最多的民族以外的民族。在我国指汉族以外的民族。中国自古以来就是一个统一的多民族国家，中华人民共和国成立后，通过识别并经中央政府确认的民族共有 56 个，故掌握部分常见少数民族的礼仪和禁忌在对客服务过程中是很有必要的。

一、壮族礼仪

（一）风俗习惯

壮族人见面主要通过语言和表情来表达问候，一般不握手，也没有其他的动作表示。在路上遇到时，便相互口头问候。

（二）饮食习惯

壮族人以大米、玉米为主食；副食有各种肉类和蔬菜。壮族人对三七的食疗颇有研究。壮族有稻作文化，十分爱护青蛙，壮族地区严禁捕杀青蛙。

（三）礼仪禁忌

壮族人忌讳农历正月初一这天杀牲口；妇女生孩子的头三天（有的是头七天）忌讳外

人入内；尤其怀孕妇女不能进入产妇家；壮族人忌讳生孩子尚未满月的妇女到家里串门；登上壮族人家的竹楼，一般都要脱鞋；到了壮家门外要放下农具，摘下斗笠、帽子。火塘、灶塘是壮族家庭最神圣的地方，禁止用脚踩踏火塘上的三脚架以及灶台；夜间行走忌吹口哨；忌坐门槛中间。

二、回族礼仪

（一）风俗习惯

回族人在见面时相互问候，同时还会握手，说“色俩目”（平安，您好），受礼者说“安色俩目”（平安，您也好）。回族人见到汉族等其他不信仰伊斯兰教的民族同胞，只握手问好，不说“色俩目”。回族男女之间致“色俩目”时不握手。

（二）饮食习惯

回族的饮食主食中面食多于米食，甜食占有一定的地位。菜肴中牛、羊肉比重很大。但是，回族分布较广，食俗也不完全一致。宁夏回族偏爱面食；甘肃、青海的回族则以小麦、玉米、青稞、马铃薯为日常主食。

（三）礼仪禁忌

回族人忌食猪肉、狗肉、马肉、驴肉和骡肉，不吃未经信仰伊斯兰教者宰杀的和自死的畜禽肉，不吃动物的血等。

三、维吾尔族礼仪

（一）风俗习惯

维吾尔族人一般不施握手礼，而是按照宗教的礼节，把右手放在左胸前，点头、鞠躬并说：“萨拉马丽坤（祝福平安）。”妇女见面时，一般点头，略弯腰鞠躬，并说：“萨拉姆。”如果较长时间未见面，则要拥抱，并左右面颊挨一下，以示亲热。

（二）饮食习惯

维吾尔族以面食为主，喜食牛、羊肉。他们主食的种类有数十种，最常吃的有馕、羊肉抓饭、包子、面条等。烤羊肉串、手抓饭是维吾尔族人的特色饮食。

（三）礼仪禁忌

维吾尔族禁食猪肉、驴肉、狗肉、骡肉和自死的畜肉及一切动物的血；见到门上挂有红布条，表示屋内有妇女分娩或小孩出疹子，忌外人入内。禁止在住地附近、水源旁边、墓地、清真寺周围和果树下面大小便、吐痰或倒脏水。不得用自己的水桶或罐子在水井或涝坝内打水，要先用公用水桶打水，然后倒入自己的桶或罐内。

四、苗族礼仪

（一）风俗习惯

苗族人待人接物只依长、幼辈分施礼，不以贫富贵贱取人。苗族的主要信仰有自然崇拜、图腾崇拜，他们对一些巨大或奇形的自然物，往往认为是一种灵性的体现，因而对其顶礼膜拜、酒肉祭供。

（二）饮食习惯

大部分地区的苗族以大米为主食，以辣椒为主要调味品。肉食多来自自家饲养的家畜、家禽饲养。四川、云南等地的苗族喜吃狗肉。不过，有些地区的苗族人忌吃狗肉。在苗族人家做客，切记不能去夹鸡头吃。宾客一般也不能夹鸡肝、鸡杂和鸡腿，鸡肝、鸡杂要敬老年妇女，鸡腿则是留给小孩的。

（三）礼仪禁忌

苗族人在山上饮生水忌直接饮用，须先打草标，以示杀死病鬼；忌跨小孩头顶，否则孩子长不高；不能坐在苗家祖先神位的地方，火炕上的三脚架不能用脚踩；不许在家或夜间吹口哨；遇门上悬挂草帽、树枝或婚丧祭日，不要进屋。

五、满族礼仪

（一）风俗习惯

满族人常见的礼仪形式有三种：见面礼，包括叩头礼、顶头礼、抱见礼、执手礼、鞠躬礼、擦肩大礼；请安礼，包括打千儿礼、跪安礼、抚鬓礼；告别礼，包括打横、相抱、亲面、执手、鞠躬。

（二）饮食习惯

满族人的主食以面食为主，原料包括麦子、玉米、高粱、粟等。满族的面食品种繁多，制作精美。菜肴以肉食为主，主要有猪、羊肉，不吃狗肉；烹饪制作以烧、烤为主，以蒸、炖、煮、炸为辅。满族有很多进餐习俗和饮食礼仪，如祭祀用过的神糕、神肉，路人可以分享，但不能带走。

（三）礼仪禁忌

满族最主要的禁忌是不打狗、杀狗，满族人不吃狗肉，不用狗皮制品，忌讳戴狗皮帽或狗皮套袖的宾客。满族人还崇拜鸦、鹊，认为鸦、鹊为吉祥之鸟。

▲教师举例

书中所列举的少数民族的礼仪和禁忌有哪些与汉族比较接近？

▲现场演练

演练书中提到的少数民族见面礼。

技能训练

实训项目 1：壮族课堂活动

1. 活动内容：以组为单位查询资料，看能找到多少种壮族服饰。
2. 活动目的：掌握壮族服饰礼仪。
3. 活动形式：课堂实训。
4. 活动步骤：查询资料；分组讨论；上台讲演。

实训项目 2：少数民族文化课堂活动

1. 活动内容：了解我国的少数民族中有哪些民族非常能歌善舞。以组为单位查询有关资料，经过整理总结，以PPT和视频的形式向同学们做汇报。
2. 活动目的：理解少数民族的文化。
3. 活动形式：课堂实训。
4. 活动步骤：查询资料；分组讨论；上台讲演。

能力单元二 主要客源国（地区）涉外礼仪

情境与分析

礼仪情景

一位英国老妇到中国旅游，入住了国内某五星级酒店。小王是当值的前台接待。这位英国老妇认为小王服务态度好，语言水平也很高，便夸奖小王说：“你的英语讲得好极了！”小王马上回应说：“我的英语讲得不好。”英国老妇一听生气了：“英语是我的母语，难道我不知道英语该怎么说？”老妇生气的原因无疑是小王忽视了东西方礼仪的差异所致。西方人讲究一是一二是二，而东方人讲究的是谦虚，凡事不张扬。

分析与解决

（1）你认为小王在得到英国宾客的夸奖时应该怎么回应？

（2）如果你是小王，应该怎么为英国宾客提供服务？解决这类问题需要掌握以下知识和技能：①对客服务的语言技巧；②中西方文化和习俗的差异。

（资料来源：金正昆《公务员礼仪》中国人民大学出版社，2013.08）

涉外礼仪，是涉外交际礼仪的简称，是中国人在对外交际中，用以维护自身形象、对外交往对象表示尊敬与友好的、约定俗成的习惯做法。酒店服务人员在对客服务过程中，只有深入了解主要客源国的礼仪，才能提升对客服务质量。

一、亚洲地区国家的礼仪和禁忌

亚洲，是七大洲中面积最大、跨纬度最广、东西距离最长、人口最多的一个洲。其覆盖地球总面积的8.6%，陆地总面积的29.4%。人口总数约为40亿，占世界总人口的60%。我国位于亚洲地区的客源国主要有日本、韩国、泰国、印度等国家。

（一）日本礼仪和禁忌

日本是我国国际旅游的重要客源国。无论是旅游消费总额还是旅游来华人数，在来华旅游的外国人中，日本一直名列前茅。日本主要的礼仪和禁忌有以下几点：

1. 见面礼节

日本人非常注重礼节，特别是对上级和长辈都要用敬语。日本人在与他人见面时通常是以鞠躬礼作为见面的行礼方式。人际交往中，初次见面通常要交换名片。

2. 饮食习惯

日本饮食俗称日本料理，口味比较清淡，做工比较精致。日本人以大米为主食，爱吃海鲜、蔬菜，讲究清淡和味鲜，忌讳油腻。日本人不吃肥猪肉和猪的内脏，也有一些人不吃羊肉和鸭肉。就餐时，日本人用筷子有“忌八筷”之说，即忌添筷、忌迷筷、忌移筷、忌扭筷、忌插筷、忌掏筷、忌跨筷、忌别筷。

3. 礼仪禁忌

菊花是日本皇族的标志，一般不能用来送礼；荷花在日本仅用于丧礼活动。日本人喜欢猕猴和绿雉（日本的国宝和国鸟）、鹤和乌龟。不喜欢金色和金银眼的猫，也不喜欢狐狸和獾。日本人忌数字“4、8”，商人也忌讳2月和8月。送日本人婚礼礼金时，避免偶数，他们认为偶数容易导致夫妻分离。

（二）泰国礼仪和禁忌

泰国的正式名称是泰王国，以佛教为国教。泰国的官方语言是泰语，英语为通用语。泰国主要的礼仪和禁忌有以下几点：

1. 社交礼节

泰国人注重礼仪，对长辈非常尊重，敬语用得比较多。泰国人见面行合十礼，一般不与人握手，特别是异性。合十礼有四种规格，双手举得越高，越表示对对方的尊重。

在泰国人的生活中，佛教地位至高无上。拜见高僧时，要行跪拜礼。无论是上层人士还是平民百姓，遇见僧人必须行礼，僧人都概不答礼，即使对国外也不例外。泰国人喜欢穿鲜艳的服饰，用不同色彩表示不同日期。例如，黄色代表星期一，粉红色代表星期二，绿色代表星期三，橙色代表星期四，淡蓝色代表星期五，紫色代表星期六，红色代表星期日。

2. 饮食习惯

在口味上，泰国人喜欢辛辣、鲜嫩的食物。他们以稻米为主食；喜食鱼和青菜。他们不喜欢过咸或过甜的食物，也不吃红烧的菜肴。他们在饭后习惯吃一些水果，喜欢榴梿，但一般不吃香蕉。泰国人用右手抓取食物，绝不能以左手取食。

3. 礼仪禁忌

头部在泰国被认为是智慧之所在，是神圣不可侵犯的，是不能随便触摸的，即使是小孩的头，也不能被随便触摸。泰国人认为，身体的下部接触佛像是对佛像的亵渎。晴天路遇和尚时，如果从和尚面前经过，必须绕开和尚的身影。泰国人认为脚部是卑贱的，绝对不能用脚掌冲向佛。

（三）印度礼仪和禁忌

印度，是印度共和国的简称，是南亚次大陆最大的国家，是最悠久的文明古国之一，具有绚丽多样、极为丰富的文化遗产和旅游资源。印度主要的礼仪和禁忌有以下几点：

1. 社交礼节

印度人见面时，双方都要在胸前双手合十致意。

在社交场合，男子相见或分别，有时会握手，有时行合十礼，但异性之间不能相碰。印度人是用摇头表示赞同，用点头表示不同意。

2. 饮食习惯

印度人的主食有大米和面食，烹调方式有炒、煮、烩三种。他们喜欢加入各种香料，尤其是辛辣类香料。印度素食者特别多，而且，他们社会地位越高的人越忌荤食。牛在印度是神圣的动物，印度教教徒和锡克教教徒不吃牛肉，伊斯兰教教徒不吃猪肉。

3. 礼仪禁忌

印度人大多信奉印度教。他们习惯用百合花当作悼念品，所以忌讳白色。他们忌讳弯月的图案，把 1、3、7、13 视为不吉利的数字。他们忌讳用左手传递东西和食物。伊斯兰教教徒禁食猪肉，也忌讳使用猪制品。在市场上陈列的花环，禁止人们用鼻子嗅或用手摸。

二、欧洲主要国家的礼仪和禁忌

欧洲是欧罗巴洲的简称，面积 1 016 万平方千米，共有 45 个国家和地区，约 7.28 亿人，约占世界总人口的 12.5%，是人口密度最大的一个洲。我国位于欧洲地区的客源国主要有俄罗斯、英国、法国、德国、意大利等。

（一）俄罗斯礼仪和禁忌

1. 社交礼节

亲吻是俄罗斯人常用的重要礼节。日常生活中，长辈吻晚辈的面颊 3 次（先右、后左、再右），男子间只能拥抱，亲兄弟姐妹见面，可拥抱亲吻。在比较隆重的场合，男人要弯腰亲吻女子的右手背。在社交场合，一般以握手礼最为普遍。在迎接贵宾之时，俄罗斯人通常会向对方献上“面包和盐”。

2. 饮食习惯

俄式晚餐通常由3个部分组成：凉盘、热菜和茶。俄罗斯人的饮食讲究量大实惠，油大味厚，以面食为主。他们喜欢酸、辣、咸味，偏爱炸、煎、烤、炒的食物，尤其爱吃冷菜。

3. 礼仪禁忌

俄罗斯人视“葵花”为国花，最讨厌“13”这个数字，最忌讳13个人聚在一起，而最偏爱数字“7”，他们认为“7”代表美满幸福和成功。赠送鲜花要注意送单数，只有在追悼亡人时，花才送双数。镜子被视为“神圣物品”，打碎镜子意味着个人生活将出现疾病和灾难；他们认为盐具有驱邪避灾的力量，打翻盐瓶、盐罐是家庭不和的预兆。

（二）英国礼仪和禁忌

1. 社交礼节

英国人见面时互相握手，互道“早安”或“晚上好”。英国人非常具有绅士风度，不尊重女性在英国会被视为没有教养。在英国，未经邀请或约定就去拜访别人会被视为对别人私生活的干扰，是非常失礼的举动。

2. 饮食习惯

英国人以英、法式西餐为主，口味清淡，喜欢吃清炖的菜，喜欢喝清汤，不吃辣的，也不喜欢吃泡在浓汁中的菜。菜的数量不要多，但质量要精，讲究花样，讲究原汁原味。英国人忌吃动物内脏、肥猪肉以及无鳞鱼等软体动物。

3. 礼仪禁忌

由于宗教的原因，英国人认为“13”是个不吉祥的数字，在日常生活中尽量避免“13”这个数字，忌讳使用大象图案，他们认为孔雀是一种淫鸟、祸鸟；忌送英国人百合花、菊花。

（三）法国礼仪和禁忌

1. 社交礼节

法国人在社交场合与宾客见面时，一般行握手礼，少女向妇女也常施屈膝礼。法国是公认的以吻表示感情的国家，但吻的部位不同所表示的含义也不一样，有着严格的区分。在法国一定的社会阶层中“吻手礼”也颇为流行。

2. 饮食习惯

法国是世界三大烹饪王国之一。他们讲究菜肴的色、香、味、形，操作上很重视掌握火候。饮食上，法国人一般都喜欢吃极为鲜嫩的美味佳肴；不爱吃无鳞鱼；也不爱吃辣味重的菜肴。法国人喜欢喝酒，对菜肴和酒的搭配很讲究。他们把用餐看成是一件大事情，有些人认为不能站着吃饭，不能用手抓取食物，这样做有失风度。

3. 礼仪禁忌

法国人很忌讳“13”这个数字，认为“13”“星期五”都是不吉利的，甚至是大祸临头的预兆；忌讳黄色，对墨绿色极为反感，视孔雀为国鸟，认为仙鹤是蠢汉和淫妇的象征；忌讳男人向女人赠送香水，这有过分亲热或有“不轨企图”之嫌；忌讳别人打听他们的政治倾向、工资待遇及个人私事。

三、美洲地区国家的礼仪和禁忌

美洲包括北美洲和南美洲，总称亚美利加州。美洲的经济发展很不平衡，除美国和加拿大是经济发达的国家以外，其他都是发展中国家。

（一）美国礼仪和禁忌

1. 社交礼节

美国人性情开朗，不拘小节，与宾客见面时，一般行握手礼。他们的另外一种礼节是亲吻礼，但亲吻礼是在彼此关系很熟的情况下施礼的。接到美国人的请柬，要注意及时告知主人参加与否，注意参加的宴会有无服装的规定，赴宴时一般不提前到达，而是准时或迟到5~15分钟。

2. 饮食习惯

美国人在饮食上一般比较随便，没有过多的讲究。美国人习惯在餐桌上用调料自行调味，不习惯厨师在烹调中多用调料。美国人忌食各种动物的五趾和内脏，不吃蒜，不吃过辣的食品，不爱吃肥肉，不喜欢清蒸和红烩菜肴。

3. 礼仪禁忌

美国人大多信奉新教和罗马天主教，忌讳“13”“星期五”“3”，他们认为这些数字和日期，都是厄运和灾难的象征；忌向妇女赠送香水、衣物和化妆品；忌送白色百合花；忌讳赠送带有你公司标志的便宜礼物。他们忌讳别人问自己年龄、买东西的价钱、见面时说“你长胖了！”。

（二）加拿大礼仪和禁忌

1. 社交礼节

加拿大人在社交场合与宾客相见时，一般都惯行握手礼。亲吻和拥抱礼虽然也是加拿大人的礼节方式，但它仅适合用于熟人、亲友和情人之间。

2. 饮食习惯

加拿大人以面食、大米为主食，偏爱甜味，在饮食上讲究菜肴的营养质量，爱吃烤制食品。喜欢喝白兰地、香槟酒。加拿大人喜爱中国的苏菜、沪菜、鲁菜，忌食虾酱、鱼露、腐乳以及怪味、腥味的食物和动物内脏，也不爱吃辣味菜肴。

3. 礼仪禁忌

加拿大人大多数信奉新教和罗马天主教，少数人信奉犹太教和东正教。他们忌讳“13”“星期五”，他们认为“13”是厄运的数字；忌讳白色的百合花，因为它会给人带来死亡的气氛，人们习惯用它来悼念死人；不喜欢外来人把他们的国家和美国进行比较，尤其是拿美国的优越方面与他们相比，更是令其不能接受。

▲教师举例

在从事酒店服务工作时，应该掌握哪些主要客源国礼仪?

▲现场演练

分小组，A 同学扮演英国宾客，B 同学扮演餐厅服务员，模拟提供英国餐食服务。

小资料

一、泰国礼仪小贴士

1. 当泰国人互相打招呼时，不会采用典型的握手方式，而是以双手合十，状似祷告。一般来说，年幼的应先向年长的打招呼，而年长的随后双手合十回礼。

2. 泰国人认为人的左手不洁，左手只能用来拿一些不干净的东西。因此，用左手拿重要东西会招来嫌弃，在正式场合也不可以用左手拿东西。在非常正式的场合，拿东西则需要双手奉上。

3. 与左手一样，在泰国人眼中脚掌也被认为是不净的。在入座时，应避免将脚放在桌子上。用脚尖撞人或指人都会被严厉地呵斥，也绝对不能把脚掌冲向佛。泰国人认为脚部是卑贱的，只能用来走路，不能做其他事情，如用脚踢门和用脚指东西等。坐着时，不要跷起脚和把脚底对着别人。

4. 在泰国的公众场合，不要做出有损风貌的举动，如拥抱、亲吻或握手，这些被认为是不符合当地风俗的。泰国男女间讲究授受不亲，即使在公开场合跳舞时，身体也不可接触。

二、美国趣闻

美国堪萨斯州的法律规定：星期天不准公民吃蛇肉，违反者要被监禁。印第安纳州的法律规定：吃过大蒜以后的四小时之内不准乘电车或上影剧院。在新泽西州，如果谁在餐馆里喝汤时发出咕噜咕噜的声音，有可能被警察拘留。内布拉斯加州的法律规定：上午 7 时到下午 7 时之间，理发师吃洋葱是违法的。

技能训练

实训项目 1：了解韩国的礼仪

1. 活动内容：现在韩国电视剧很流行，请同学们说说，从韩国电视剧中可以看出韩国有哪些礼仪和禁忌?

2. 活动目的：了解韩国的礼仪

3. 活动形式：课堂讨论、课堂发言。

4. 活动步骤：上台讲解课堂讨论的内容。

实训项目 2：了解澳大利亚和新西兰的礼仪和禁忌有何异同

1. 活动内容：学生分组查询澳大利亚和新西兰相关知识，总结有关资料后，向其他同学汇报分享。

2. 活动目的：了解这两个客源国的礼仪规范。

3. 活动形式：分组查询资料；整理总结；课堂发言。

4. 活动步骤：查询资料分组讨论；以幻灯片形式汇报。

参考文献

[1] 金正昆. 商务礼仪 [M]. 北京：北京大学出版社，2005.

[2] 翟晓君，邱岳宜. 国际商务礼仪模拟实训教程 [M]. 北京：中国商务出版社，2007.

[3] 李兰英，肖云林. 商务礼仪 [M]. 上海：上海财经大学出版社，2007.

[4] 陈国强. 面试礼仪与口才 [M]. 北京：中国经济出版社，2007.

[5] 李莉. 实用礼仪教程 [M]. 2 版. 北京：中国人民大学出版社，2006.

[6] 金韩丽. 女人优雅一生的社交礼仪课 [M]. 哈尔滨：黑龙江科学技术出版社，2012.

[7] 韦克俭. 现代礼仪教程 [M]. 北京：清华大学出版社，2006.

[8] 张晓梅. 晓梅说礼仪 [M]. 北京：中国青年出版社，2008.

[9] 陈国强. 办公室礼仪与口才 [M]. 北京：中国经济出版社，2008.

[10] 沈杰，方四平. 公共关系与礼仪 [M]. 北京：清华大学出版社，2008.

[11] 马勇，王斌. 会展礼仪实训教程 [M]. 重庆：重庆大学出版社，2007.

[12] 金正昆. 政务礼仪 [M]. 北京：中国人民大学出版社，2008.

[13] 胡宁，刘湘文，刘安拉. 中职生礼仪规范教程 [M]. 北京：科学出版社，2007.

[14] 罗黎明，覃圣敏. 东南亚民族 [M]. 南宁：广西民族出版社，2005.

[15] 罗黎明，古小松. 东南亚民族 [M]. 南宁：广西民族出版社，2005.

[16] 高世杰. 新编国际礼仪手册 [M]. 北京：中国妇女出版社，1995.

[17] 胡洁中. 涉外礼仪十日通 [M]. 北京：京华出版社，2005.

[18] 东方晓雪. 涉外礼仪 [M]. 郑州：中原农民出版社，2005.

[19] 粟进英，李经伟. 言语适应理论与身份研究述评 [J]. 外语教学，2010，31（6）：38-41.

[20] 周彬林. 实用口才艺术 [M]. 4 版. 大连：东北财经大学出版社，2013.